企业
数字化转型
全盘实操
从战略到落地

潘春晖 ◎著

中国铁道出版社有限公司
CHINA RAILWAY PUBLISHING HOUSE CO., LTD.

2024 年·北 京

图书在版编目（CIP）数据

企业数字化转型全盘实操：从战略到落地 / 潘春晖
著 . —北京：中国铁道出版社有限公司，2024.6（2025.2 重印）
ISBN 978-7-113-31146-9

Ⅰ. ①企… Ⅱ. ①潘… Ⅲ. ①企业管理 - 数字化 - 研究
Ⅳ. ① F272.7

中国国家版本馆 CIP 数据核字（2024）第 070374 号

书　　名：**企业数字化转型全盘实操——从战略到落地**
　　　　　QIYE SHUZIHUA ZHUANXING QUANPAN SHICAO——CONG ZHANLÜE DAO LUODI
作　　者：潘春晖

责任编辑：郭景思　　**编辑部电话：**（010）51873007　　**电子邮箱：**guojingsi@sina.cn
封面设计：末末美书
责任校对：苗　丹
责任印制：赵星辰

出版发行：中国铁道出版社有限公司（100054，北京市西城区右安门西街 8 号）
印　　刷：三河市宏盛印务有限公司
版　　次：2024 年 6 月第 1 版　2025 年 2 月第 2 次印刷
开　　本：710 mm×1 000 mm 1/16　**印张：**13　**字数：**208 千
书　　号：ISBN 978-7-113-31146-9
定　　价：88.00 元

序一

业务运营绩效驱动企业数字化转型

中国三峡集团副总工程师　金和平

当今世界正经历百年未有之大变局，科技革命与产业变革正是这场百年变局的重要推动力量。迈入数字时代，物质、能量、信息成为人类社会发展的三大要素，数字经济每年增长的速度超过整体经济增长的速度，其在大国的国民生产总值中或者占国家财富的比重正不断上升。

数字化转型，是我国现代企业不可回避的话题，也关系到大国竞争。从社会经济发展形势来看，数字经济时代已全面来临，我们的生活已离不开数字经济，数据、网络、算法无处不在；从国家战略层面来看，国家提出网络强国、数字强国，提倡数字消费，促进数字经济发展；从当今国际环境层面来看，数字经济已成为大国之间较量的重要砝码。从国企、央企发展要求来看，国资委将数字化转型列入对央企的考核项；数字经济风起云涌，企业如果不进行数字化转型，终将会被淘汰。

三峡集团高度重视数字化工作，将数字化转型纳入集团战略规划，对数字化转型工作提高到战略层面进行部署，"产业数字化，数字产业化"双轮驱动。在产业数字化方面，三峡集团过去做得不错，重点开展智慧能源（智慧流域）、智慧水务建设，形象地说，就是用比特（Bit）支撑瓦特（Watt）。在数字产业化方面，三峡集团利用清洁能源优势建设零碳数据中心，为社会提供强大的数字基础设施，通过巨型水电工程建设凝聚的IT（信息技术）实施能力和方案对外输出，并拟建设长江流域大数据中心综合资源服务平台，对外提供综合性数据服务，形象地说，三峡集团未来将用瓦特支撑比特，形成"水流→电流→数据流"模式。

与潘春晖先生相识于 2008 年，当时潘先生带领团队高质量地完成了三峡集团"十一五"信息化规划。非常高兴看到潘先生将多年信息化与数字化建设的经验成稿出书，读完初稿后，对潘先生强调的数字化转型要以价值为导向全过程闭环特别有共鸣。数字化转型一定要以价值为导向，在搞数字化之前一定要想清楚，投入的人力、物力、财力，效益在哪里，最后能不能转化成真正的价值，要谋划好数字化转型后的效益点，并坚持落地达成。三峡集团的信息化与数字化也是一直以价值绩效为驱动，检验数字化转型成功与否的标准，不是我们用的设备更多、服务器更高级，而是我们的业务运营指标是不是更好，我们的效益是不是得到提升。比如我们的水能利用率是不是更高了，我们的设备是不是减少了维护时间和频次，等等。因此，数字化转型一定要通过提升业务运营绩效来驱动。三峡集团数字化转型始终把握战略引领（与集团发展战略一致性）、场景驱动（应用是创造价值的根本）、绩效牵引（促进业务绩效的提升）、以数据为王（数据资源的有效汇集）、价值导向（降本增效，新业态培育），这与潘先生在本书中提出的以价值为导向全过程闭环数字化转型理念是完全契合的。

未来，数字经济将引领我国经济的发展，网络空间将成为国际竞争的主战场，这对于我国企业来说，既是挑战，也是机遇。相信潘先生的这本书能给更多正在开展企业数字化转型的管理者和实践者带来借鉴和启发，共同迎接百年机遇。

相信"相信"的力量

德赛西威汽车电子股份有限公司董事长　陈春霖

2020 年，和潘春晖老师结识于我们公司开展的变革转型项目，接触下来，他始终能够以"企业经营的第一视角""业务价值闭环的第一性原理"开展企业战略的顶层设计和业务流程的重构再造等工作，始终跟我们的团队保持真诚、谦虚、专业的共创和研讨，目睹他在咨询这条赛道上享受着做赛手的乐趣，得知他要出版一本企业数字化转型实践与思考的书，意料之外，却也在情理之中，因为从某种程度上而言，这本书就是他的"赛车"。

作为企业负责人，如何持续穿越周期实现我们企业的基业长青，需要深思远虑，尤其在复杂多变的国际竞争格局下拥抱汽车产业百年未有之大变局，更加需要未雨绸缪和长期主义。企业不同阶段的战略部署需要做到上下同欲，力出一孔。只有与数字化时代保持同频共振，创新引领，坚韧文化，全体"船员"才能从利益与共到命运与共，乘风破浪。企业可持续发展的动能、势能和效能的协同转化，是企业行稳致远的核心要素。动能来自于业务设计驱动，势能来自于品牌战略驱动，而效能来自于数字化驱动，潘老师这本书围绕"以价值导向的数字化转型闭环"的远期战略规划闭环和"战略到落地端到端方法"的近期战术执行闭环对不同发展阶段的企业，提供了一种数字化转型的解题范式，并配合他的实战案例注解诠释，通俗易懂，授人以渔。

任何企业的高质量发展，离不开对企业经营数据的洞察。不同规模的企业在发展中会有各种各样的挑战，没有"一招鲜吃遍天"的标准配方，企业的数字化如果不能实现对业务流程的精进，不能激发数据要素的潜能，那都是数字化摆设和形象工程。企业的业务发展伴生数字化程度的进阶，所以数字化转型是一项复杂又漫长的系统工程，不仅需要认知到位，投入到位，还需要企业负责人亲自到位。2016年，我们公司在围绕数字化战略就展开部署，先后开展了制造、研发、供应链管理和市场营销等领域的信息化工作，多年的探索和实践，使我们初步完成公司运营流程的线上管理，但依旧存在数据孤岛、数据不准、数据不新等挑战需要我持续关注。就像这本书提到的，只有站在业务架构的顶层视角，遍历各个业务领域核心问题，不忘初心，稳扎稳打，定期复盘，才能逐步构建数字化的业务成效，而不是头痛医头、脚痛医脚，治标不治本。

达尔文的《进化论》告诉我们，能够生存下来的，既不是最强壮的，也不是最聪明的，而是最能够适应变化的物种。其实，企业也如同一个有机生命体，如何做到最适应变化呢？要有兼收并蓄的思想和自我革新的魄力，尤其面对新的或者不确定事物的发展时，要有"摸着石头过河"的勇气，大胆尝试，积极探索，摸清规律，稳步前进。希望广大读者阅读此书时抱着"学所以益才，砺所以致刃"的数字化之道，因势利导，顺势而为，理解并践行企业的数字化转型。

好友推荐

　　老潘是我的老朋友，在企业数字化咨询领域深耕二十余年，深度参与了多个行业的大型企业数字化转型，有着极为专业的顾问能力，对我启发和帮助都很多。得知老潘正在将这么多年的思考系统性地整理到一起，就迫不及待地要到了初稿，很快读完，更觉得老潘已经返璞归真了。企业开展数字化转型最关心的就是动因、方向、方案、实施及评价这些核心问题，老潘从专业咨询顾问的独立视角对企业数字化转型进行了系统分析和深入思考，并一一做了解答。数字化赋能已经成为企业转型发展的必然方向，相信本书对每个企业管理者和对数字化转型等方面感兴趣的读者都开卷有益。

国家电网财务公司信息化负责人　侯文捷

　　中国建筑正在推动数字化转型，潘老师及其团队协助我们建设建造一体化系统，这是建筑行业真正的 ERP。我们对系统建设提出的目标要求是"价值创造、风险融入、业务赋能"，即这个系统要为企业经营管理各业务创造价值，降低并防范经营风险，要为施工一线广大员工赋能减负，潘老师在本书中提出的"以价值为导向的数字化转型"与我们提出系统建设要求是完全一致的。数字化转型已经过了只谈概念的阶段，企业在数字化转型中必须紧紧围绕业务价值的落地，才能真正有助于企业、有助于员工。相信潘老师在本书中的经验分享能对更多企业的数字化转型落地带来启示和帮助。

中建数字科技公司副总经理　苏亚武

　　作为本书中的案例企业，很荣幸在潘老师及专业团队陪伴下进行了数字化转型及业务流程再造项目。公司通过变革项目，团队迅速成长，组织能力得到很大提升。数字化转型这个过程漫长而复杂，不仅是业务流程在线化、业务数据化、数据网络化及决策智能化等 IT 技术手段，还有赖于企业内部开放包容、鼓励创新的文化土壤，以及组织中自上而下的思维方式转变、技能的更新、变革及数字化领导力等方面的准备度和成熟度。

　　潘老师执笔的这本回归企业管理和经营痛点去解读数字化的百科全书，既有高屋建瓴的顶层思考，也有浅显易懂的基础理论和深入剖析的典型案例，相信处在不同数字化阶段的企业，都能在本书中找到适合自己的转型指引，走出适合自身发展特点的数字化转型之路。

重庆博奥集团总经理　张　萍

　　认识老潘有十多年了，最初是电力行业的一些大客户大项目，老潘一出场就是老专家风范，不论是给大领导汇报，还是跟专业工程师讨论，都是一副不紧不慢、娓娓道来的样子，很有说服力，甚至有些学究气！不过那时候其实是小潘。后来我们在一个团队共事多年，一起做了很多数字化规划、转型项目，酸甜苦辣不忘初心。印象最深的是老潘每次都会非常认真细致地复盘总结，项目中的得失都成为团队的宝贵财富。老潘经历了大型咨询公司大平台的高举高打，也体验了创业公司专注行业的深耕细作。最近他把这二十多年的亲身经历、思考，以及对企业数字化转型的目标、方法、价值洞察总结梳理成册，实在是圆了很多咨询顾问在心里想了无数次，却难以付诸行动的梦想！希望这本书对正在数字化转型道路上前进的大家有所启发，理性转型、少走弯路！

施耐德电气（中国）有限公司高级副总裁、
战略与业务发展中国区负责人、
商业价值研究院院长　熊　宜

　　数字化转型的浪潮中，专业的视角和深刻的洞察尤为重要。我与春晖在企业数字化转型领域一起做了很多实践与探讨，春晖结合二十多年专业咨询顾问的丰富经验，从"以价值为导向的数字化转型过程"和"从战略到落地的端到端方法"两个维度，非常系统而又深入浅出地呈现了企业数字化转型的策略、路径和方法，有理论、有方法、有实践。对于希望在数字化时代中引领变革的领导者和实践者，本书无疑将带给您深刻的见解和实用的建议，成为您在数字化转型之路上的得力助手。

腾讯云智慧能源首席行业专家　孙福杰

前　言

在做某大型企业数字化转型项目中，我与客户董事长沟通企业数字化转型方案时，他对项目提出"我要的不仅仅是你的专业方案，我要的是企业真正的改变"的要求，这句话让我顿悟到企业家真正要的是什么。传统数字化项目、方案和方法，本质上都是为企业提供数字化工具，而企业家要的是通过数字化转型获得企业改变后的成效和价值。数字化转型只是手段，而企业变好才是目的。有了这样的认知，我开始从单纯的技术层面提升到企业家以价值为目标的层面，并意识到所有的方案和观点，只有围绕企业价值的获取为目标进行串接才能成为真正的"项链"。

按照企业家以价值为目标的要求，我将数字化转型的认知提升到"以价值为导向的数字化转型闭环过程"。这个闭环过程为五个步骤：想清楚（为什么转）、规划好（怎么转）、设计好（方案层）、落下去（变革过程）、显成效（评价迭代推广）。围绕这个闭环过程，配套的是实现转型闭环过程的从战略到落地端到端方法。

因此，本书的主线是两个闭环：一是以价值为导向的企业数字化转型过程；二是从战略到落地端到端方法。在当前企业数字化转型过程中，常见的问题有两个：首先，包括咨询顾问和数字化转型参与者，他们的眼里往往都是企业数字化转型项目，将其完整、完美地完成似乎就是整个工作的目标，忽略了企业家眼里转型项目应该达成的企业价值，忽视了数字化转型过程必须是一个闭环；其次，企业数字化转型过程牵涉方方面面，具体工作与转型项目通常从某专业开始，通过咨询顾问与企业骨干共创而成。但专业也容易形成壁垒，容易与企业整体转型相脱节，而咨询顾问的各类方法本身也是相对独立的。如何将这些方法打通串接起来，就是专业领域转型整体延伸到企业整体数字化转型的关键，这方面也是容易被忽略的。本书的内容是将我在过往参与数字化转型中的思考与观点，结合业界典型的方案与方法，通过这两个闭环方式呈现出来。试图用企业家以价值为导向的转型目标来重新审视和构建更加完整的转型过程，给出更加贯通的方法。

以价值为导向的数字化转型闭环过程是从想清楚、规划好、设计好、落下去、显成效五个环节展开的，在企业数字化转型的具体工作和项目开展中，最容易忽略的是想清楚和显成效这两个环节：忽略了想清楚，容易偏离企业家最初投资进行数字化转型的初心，遇到转型过程中的问题与困难极易半途而废；忽略了显成效，将方案挂在墙上，企业的经营管理水平还是原地踏步。想清楚和显成效这两个环节既是整个数字化转型完整过程中的闭环点，也是整个数字化转型最终成功的衡量点。因此，本书花了比较重的笔墨来分享我对这两个容易"虚"的主题的理解，想重点表达的观点是一旦企业想清楚要进行数字化转型，转型项目中的规划、方案、系统等都是手段，可强可弱、可轻可重、可长可短，但一定要遵循数字化转型的完整闭环过程，确保拿到转型的成效。

我从事咨询工作二十几年，喜欢思考咨询中的各类方法论，非常在意从战略到落地端到端方法。在我主导的转型项目中，我发现各专业方法虽然能有效解决各自领域的问题，但是相互衔接并不够明确；虽然大家都清楚"战略决定业务""业务决定IT"，但战略如何决定业务，所决定的业务在业务架构中如何表达与呈现，在咨询方法中并没有特别讲清楚，从业务架构到业务流程，如何清晰分解到系统实施的需求，在咨询方法中也不够清晰。因此，企业数字化转型中战略、业务管理与数字系统建设三者间极容易出现"三张皮"的现象。本书并没有对相关的咨询方法论展开叙述，这些方法的资料在网上也是汗牛充栋，无须多言。本书侧重描述企业数字化转型端到端方法串联，通过用业务领先模型（BLM）理解战略，用企业架构（EA）描绘业务，用企业流程改变业务，用信息系统固化管理，将企业战略、架构、业务、系统进行有机串联，是本书聚焦并试图尽量阐述清楚的内容。

　　本书主要观点来自我咨询工作过程中的思考，我在公众号"老潘的咨询笔记"中也有所记录与阐述。本书在一定程度上也是对我过往二十多年咨询工作的总结，这些思考来源于每一个咨询项目中与客户、同事的交流碰撞。在此，首先要感谢陈荣祥先生引领我进入咨询行业并一路指导和鼓励；其次要感谢为本书写推荐序和推荐文的金和平先生、陈春霖先生、侯文捷先生、苏亚武先生、熊宜先生和张萍女士，他们是我咨询生涯众多客户中给予我很多启示的代表；还要感谢众多的咨询同事伙伴，感谢老朋友孙福杰先生认真阅读本书初稿并提出了十点修改意见，让本书的观点更加聚焦和清晰。此外，也特别感谢家人对我从事咨询这样一个需要长期出差的工作给予的理解和支持。

　　我对企业数字化转型和企业咨询方法的认识还在不断研究和探索，很多方案与方法难免有"错""漏""偏"的观点，拿出来供更多的读者指正，希望对正在进行和即将进行企业数字化转型的企业家、转型管理团队、咨询顾问能有所启发和帮助。

潘春晖

2024 年 3 月

目　录

目录

第七章　端到端——从战略到落地实施　141

第一章

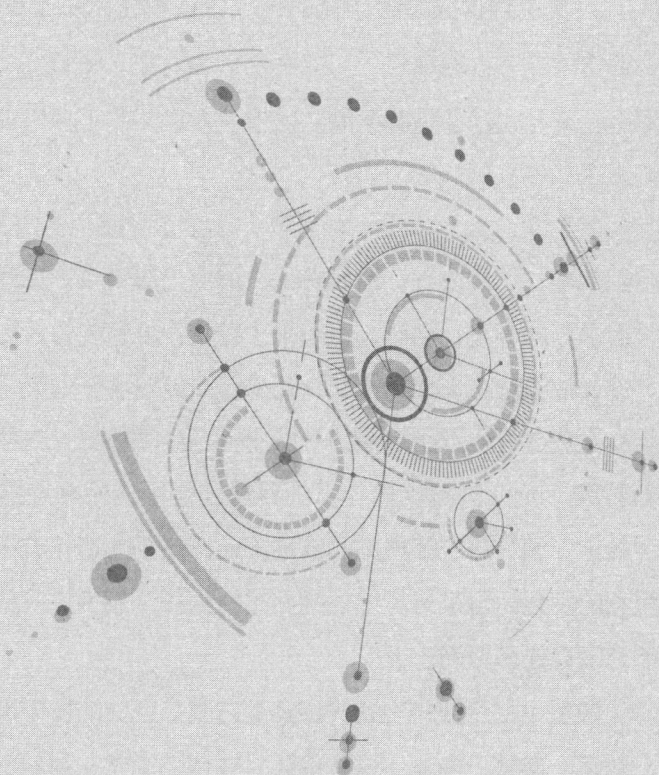

夯基础
初识数字化转型

今天，人类已经进入到数字化时代，计算机技术和互联网技术引领了社会的快速发展，甚至有了"数字化将从碳基文明到硅基文明的跨越"的提法。数字化推动企业发展，成为从央企到国企到民企都在关注和推动的工作。

数字化转型是企业转型的一种形态，也是企业基于自身战略意图，通过从组织架构、制度流程、绩效方式、信息工具平台等管理体系的核心要素方面进行的调整、创新、赋能来改善企业经营能力，构建企业战略中业务设计的核心竞争力，实现企业持续有效发展（做大、做强、做久）的转变过程。企业大到战略方向调整、业务转型、商业模式创新、集团整合并购、企业流程优化，小到日常工作中的新制度推行，其实都是一种转型，因为每一项措施的落地都会影响企业运作流程、组织形态、责权利的划分，以及与其相关的员工行为和认知等，只是其影响程度和影响范围存在差异而已。

数字化转型也是企业转型的一种典型方式。企业的发展通常伴随企业优化、变化、调整、创新，这些优化、变化、调整、创新不仅仅是企业产品升级，也是管理模式、组织架构更新，更是战略赛道的调整。因此，企业转型又可称为企业管理优化、企业变革、企业转变、企业重塑。无论是国内标杆企业华为公司，还是全球百年企业IBM（国际商业机器公司），企业的发展史也是企业的转型史。

数字化转型如同企业管理的改革，是一个只有起点没有终点的过程。正如任正非所说："管理的改革是永无止境的，到了我们管理工程验收的时候，我们又面临着如何在更高层次深入管理改革的问题。除非到我们公司破产的那一天，我们才可能不要管理改革，这一点绝不会动摇。"（来源：任正非在MRPII推行协调会上的讲话，1996年）。

第一节　数字化转型的概念与认知

数字化转型的概念，可以拆成什么是"数字化"，什么是"转"，什么是"型"，什么是"转型"，什么是"数字化转型"来理解。数字化转型涉及信息化、智能化、智慧化等相关概念。因此，理解信息化、数字化、智能化，甚至智慧化的概念，对于理解数字化转型尤为重要。

1. 小磨坊的故事

为了方便大家对企业数字化转型概念的理解，我通过小磨坊的故事阐述什么是人畜力、什么是机械化，什么是电气化，什么是电子化，什么是信息化，什么是数字化，什么是智能化以及什么是智慧化。

（1）人力、畜力。从前，有一个十来户人家的小山村，村民自耕自种过着辛劳而自足的生活。小山村边上有一条小溪，常年流水不断。庄户人家手推石磨或使用牲畜拉磨磨面异常辛苦。小磨坊处在人力、畜力时代。

（2）机械化。于是，村里人凑钱，在小溪边上建了一个水轮磨坊，以水带动石磨实现了机械化，极大地减轻了人力劳作。小磨坊进入机械化时代。

（3）电气化。后来，在外面打工的年轻人带回了发电机和电动机，水轮发电驱动电动机带动石磨磨面，而且还能够照明。小磨坊从机械化进入电气化时代。

（4）电子化。由于电动磨面效率高且省时、省力，不仅本村的人来磨面，邻村的人也来了。为了按照磨面的量和时间来收取费用，小磨坊增加了管理员；为了便于统计机器的使用时间、电量、磨面量等，小磨坊增加了电表、磨面计时器、电子秤等，并实现了自动打印费用。小磨坊进入电子化时代。

（5）信息化。小磨坊的名气越来越大，周围乡村的人都来小磨坊磨面，尽管小磨坊扩大了规模，但排队的人仍很多，管理员干脆上了一个手机小磨坊磨面应用程序（App），村民可以通过App查看有哪些时段可以去磨面，并直接在网上排队，用微信支付结算。App解决了排队和支付的问题，管理员轻松了很多，并且小磨坊开始盈利了。本村的村民不仅能磨面，到了年底还有一些分红收入。村主任组织成立了小磨坊公司，小磨坊公司为了算清楚财务收支，请咨询公司上了一套财务软件系统。小磨坊进入信息化时代。

（6）数字化。随着业务量的增长，小磨坊公司开始扩大规模，进行市场化运作，全面转变经营方向，由原来的只提供磨面服务，转型为面粉经销服务。小磨坊公司依托磨面业务向上游延伸，打通采购供应链，收购各类小麦；向下游延伸，形成面粉直销，村民已经不用再来小磨坊磨面了，直接通过小磨坊网上平台，使用手机下单就可以买到小磨坊公司不同种类的面粉，而且还可以由小磨坊联营的快递小分队直接送货到家，如果村民再增加1元钱，通过小磨坊网上平台还能参加县里保险公司的"不是当年新面粉赔付10元"的保险活动，村民完全没有了后顾之忧。小磨坊进入数字化时代。

（7）智能化。为了提高面粉的产量和销量，小磨坊公司对磨坊设备进行了升级改造，建造了全封闭无人化磨坊车间。自动化设备实现了从小麦进入到面粉产出的全过程无人化，各类视频和传感器联网能监控面粉生产全过程。同时，基于近年各家面粉的销售，以及每年小麦的收成情况，采用大数据进行分析，更加精准地了解到村民家里的面粉消耗情况，以及村民喜欢的面粉口味等，实现了对村民的精准服务。现在只要是在小磨坊公司买过面粉的村民，发现家里面粉快用完的前一个星期，就会收到小磨坊公司通过微信推送的建议，建议里的面粉类型和用量信息正好是村民家里所需要的。村民点一下确认键，第二天面粉就会送到村民家里，甚至小磨坊公司还可以配送馒头、面包等熟食。现在村民买面粉除了点确认键，好像没有其他什么事情可做了。小磨坊进入智能化时代。

（8）智慧化。上个月，村主任兼小磨坊公司的董事长接受县里表彰，成为"某县数字化转型模范"人物，村主任在表彰会上除了感谢县里的领导，还宣布已经与咨询公司签署了"智慧小磨坊战略规划"的战略合作。小磨坊进入智慧化时代。

（9）申请"非遗"。再后来，小磨坊在创业板上市，小磨坊公司的效益更好了，村民们也都富裕了，但由于小磨坊公司已经是智慧企业，村民无事可干，打架、赌博的年轻人越来越多。村主任从外面学习回来，已经从企业管理中洞察出人性的本质，意识到企业智慧了，人也堕落了。村主任联想到现在城里人都喜欢绿色手工食品，于是，小磨坊公司成立了手工面粉事业部，将村里游手好闲的年轻人集中起来，采用传统磨面工艺生产手工面粉，价格是机器面粉的两倍。手工面粉在城里畅销，大家反映手工面粉有妈妈做的那碗面的味道，而村里的年轻人也有了极大的成就感，不打架、不赌博，专心研究手工磨面的工艺。村主任决定将手工面粉事业部从上市公司中剥离出来，成立全手工、小规模、精品化、高利润的手工磨面坊，并申请"非遗"。

通过小磨坊的故事，延伸到对人类生产力发展的思考，随着ChatGPT（聊天机器人模型）的横空出世，世人惊恐碳基文明之后是硅基文明，如图1-1所示。人类生产力的发展从数字化到智能化，再到智慧化后又会是什么化，不得而知。

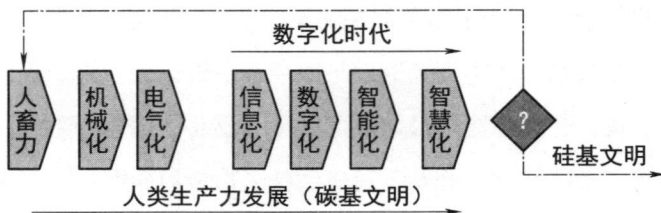

图1-1　人类生产力发展

2. 数字化、智能化、智慧化的概念

从百度百科的定义上看，智能与智慧更多是一个生物学上的概念，而智能更多是智慧的结果在行为和语言上的表达过程，智慧更多是强调高级的综合能力。在企业引用数字、智能、智慧的概念时，更多是需要放入社会语境中，结合当前国内外行业已形成的习惯提法来定义和理解，如智慧城市、智慧交通、智能电网、智能电站等。数字、智能、智慧三者是一个外延逐步扩大，包含与被包含的关系。

数字化侧重强调通过物联网、自动化设备进行信息采集，将模拟信息转变为数字信息。

智能化侧重于修饰相对独立的个体或最好是无生命的实体，也可以用于对相对专业单一的行为进行修饰。智能这个词的重点在"能"上，因某种外界刺激后的反应和反作用，即"使能（enable）"。例如，智能电网、智能穿戴设备、智能锁具等。智能化是作为电网、设备这些相对无生命的独立个体的修饰词，使这些个体由于数字信息的引入，加之自动控制、数据分析的功能，形成具有按照某种预定的结果进行反应、反馈的特征。

智慧化侧重于修饰相对广义、抽象的多个体或多要素组成的环境或体系，智慧这个词的重点在"智"上，即更体现出从感知、记忆、逻辑、计算、分析、判断到决定的高级综合能力，这个能力作出的决定，能指导并驱动体系内各独立的个体按照要求进行反应和能动。例如，智慧城市、智慧交通、智慧工厂等。智慧是修饰城市、工程这样的多实体组成的有机系统，智慧工厂包含并驱动智能加工、智能仓储、智能运输等。智慧不宜修饰物体，如智慧设备、智慧冰箱等。

因此，数字化、智能化、智慧化是一种向上递进并向下包含的关系。数字化是基础，个体或实体可以智能化，智能化的个体或实体在进一步的数据分析决策机制下组成智慧化的生态系统。而数字化转型的概念，是在综合了数字化、智能化、智慧化的概念后，形成的一种泛化广义的数字化概念，以新的数字技术让企业最终转型成为一个智慧企业。

3. 数字化转型的认知理解

数字化转型是建立在数字化转换、数字化升级基础上的以新建一种商业模式为目标的高层次转型，或者说数字化转型是以新建一个富有活力的数字化商业模式。

互联网数据中心（IDC）中国副总裁兼首席分析师武连峰先生在2018年1月20日召开的企业数字化转型与创新案例大会上提出，数字化转型分为领导力转型、运营模式转型、工作资源转型、全方位体验转型、信息与数据转型五个方面。

麦肯锡全球研究院（以下简称麦肯锡）在2017年12月报告中（该报告研究了中国22个行业的数字化水平）提出，数字化包括三个方面的内容：资产数字化、运营数字化、劳动力数字化。

埃森哲管理咨询公司认为（以下简称埃森哲），数字化转型分为智能化运营和数字化创新两个部分。智能化运营是指企业从海量数据中生成数据洞察，实时且正确地制定决策、持续提升用户体验，借此不断强化当前核心业务。数字化创新指的是指企业借助数字技术的力量，加速企业产品与服务的创新，探索新的市场机遇，开创新的商业模式，孵化新的业务项目。

德勤管理咨询公司认为（以下简称德勤），数字化已经成为一个概括性术语，是指代任何借助技术创新而实现颠覆性变革和新机遇的战略。数字化转型是运用新兴技术重新想象商业、组织面向未来的一个发展过程。数字化转型绝不仅仅局限于新技术的实施和运作；相反，真正的数字化转型通常会对企业的战略、人才、商业模式乃至组织方式产生深远影响。

微软公司（以下简称微软）认为，数字化转型路径与四大核心能力可以概括为：客户交互、赋能员工、优化业务流程、产品与服务转型。

SAP（思爱普）公司认为，数字化转型不仅是一种技术转型，还是一种文化和业务转型。通过彻底重构用户体验、业务模式和运营，采用全新的方式交付价值、创造收入并提高效率。

阿里巴巴公司认为（以下简称阿里巴巴），数字化是一个从业务到数据再让数据回到业务的过程，企业数字化转型关键在于三点：IT架构统一、业务中台互联网化、数据在线智能化。它提倡"一切业务数据化，一切数据业务化"。

华为公司认为（以下简称华为），数字化转型是通过新一代数字技术的深入运用，构建一个全感知、全连接、全场景、全智能的数字世界，进而优化再造物理世界的业务，对传统管理模式、业务模式、商业模式进行创新和重塑，实现业务成功。

IBM公司认为，数字化转型将由客户推动、数字优先的方法应用于企业的所有方面，包括业务模式、用户体验，以及流程和运营。它采用AI（人工智能）、自动化、混合云，以及其他数字技术，借助数据推动智能化工作流程，更迅速、更智慧地作出决策，实时响应市场颠覆性事件。最终，它改变了客户期望，创造出新的商机。

可以看到，无论是以信息技术擅长的微软、阿里巴巴，还是专业咨询的麦肯锡、埃森哲和德勤，抑或信息技术与管理咨询贯通的IBM公司，在数字化转型上至少对以下两点形成共识：

（1）数字化转型是指向业务管理、用户体验，以及商业模式等的改变与发展；

（2）数字化及其相关的技术是手段，而不是目的。

简单来说，数字化转型就是用数字技术作为手段去改变企业的商业模式、业务管理、员工与用户体验，从而让企业变得更好，如图1-2所示。

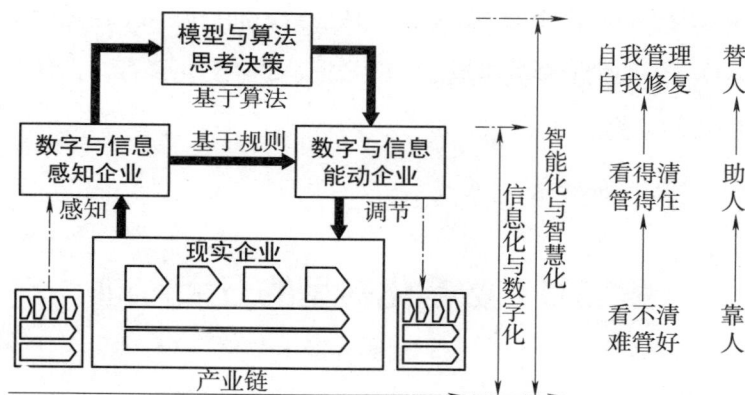

图1-2　智能运营的智慧企业

企业管理发展通常包含以下三个层级。

（1）看不清、难管好。具备企业运营的基本机制，但管理主要靠人的能力和主观能动，效率低、响应慢。企业主要通过人员的主动协助和向上汇报来解决问题，企业的指挥到执行过程是单向的，或通过有限的信息来判断和运营决策，过程极其低效。

（2）看得清、管得住。通过应用系统对管理的固化和支撑，由数据带来新的管理驱动。企业运营的信息完整、准确、及时地反馈到运营决策层上，企业的指挥到执行过程是通过数据流转形成双向，经营管理更加透明，通过看得清的数据来实现业务运营的科学管理与决策。

（3）自我管理、自我修复。企业有数据和数据流转，利用数据做判断成为更大的可能。企业从人治到法制（基于制度流程），再到数治（基于数据管理）。换句话说，企业运营是在清晰的规则下，基于模型与数据做分析、判趋势、做决策，从而在不同的管理环境下进行自我管理，遇到问题与风险自我判断、调整、修复，确保企业按照预定规则下正常持续的运营。

数字化转型就是利用数字技术，推动企业管理向上攀登。这三个层级不仅适用于数字化转型下企业的整体业务，而且微观上也适用于企业的具体业务，如企业根据市场变化的数据、动态分析库存、合理调整库存水位和结构等。

第二节　数字化转型的五大方向

在数字化转型中，什么是"转"？什么是"型"？数字化转型的"转"是动作与过程，是强调用数字技术手段来转变，通过数字技术来推动企业业务能力的改良与提升；数字化转型的"型"是企业业务模型和员工能力模型，即企业业务策略、业务组织、业务流程等。这其中有两个关键点：一是业务活动的本身不会变化；二是用新技术来完成或帮助完成这个业务活动。换言之，企业数字化转型就是将企业的业务活动转换成用数字技术方式来完成。例如，员工上班用打卡机打卡转换成用手机打卡；环境监控通过专业人员判断转换成用视频分析预警；课堂培训转换成网上授课；人工盘库决定补货转换成系统预警库存自动补货等。

近几年来，企业数字化转型与创新的案例非常多，有传统管理信息化的升级改造；有大数据人工智能的尝试；有物联网工业控制领域的创新；有产业间协同发展的突破。按照企业业务管理整体框架，结合当前转型典型案例，提炼出对内强己、对外共

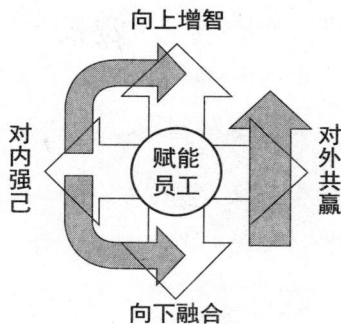

图1-3　企业数字化转型的五大方向

赢、向上增智、向下融合、赋能员工五大维度，如图1-3所示。这五大维度也是当前各企业从传统的管理信息化向数字化发展的典型方向。

1. 对内强己

对内强己聚焦在优化完善公司治理结构，实现流程贯通与优化，资源全过程管理，企业安全风险预测与可控。这个维度的内容更多是传统内部管理优化和信息化实施已经充分关注的方向，也是必须要关注并且补齐（短板）的内容。如果企业基本的管理不成型，信息化基本手段不具备，转型应该先固本强体，否则很可能越转越乱。

2. 对外共赢

新兴技术使企业能够通过与客户围绕互利机会增长，通过与生态圈合作伙伴的联合或整合，用互联网+的思路改变生态模式，进入全新的市场。很多互联网企业创新都是充分利用数据的分享，实现"羊毛出在猪身上狗买单"的生态共赢，商业模式创新主要在这个维度发生。

3. 向上增智

利用大数据和人工智能相关技术，对企业各层级、各种业务按专业进行预测、分析，辅助各层级领导、专业工程师进行判断与决策，这是

企业大数据应用、数据深化应用、产生数据价值体现的重要维度。

4. 向下融合

将技术研发、生产、设备、物流、仓储、运输等生产活动与其自动化结合起来，实现物联网、自动化、信息技术的融合，提质增效。新的物联网技术和设备层出不穷，这个维度极易产生局部的技术创新。

5. 赋能员工

通过移动设备、穿戴设备、虚拟现实（VR）/增强现实（AR）设备、数据辅助分析及其相关技术，帮助员工实现能力的延伸。员工能力的延伸可以从传统文档知识中更容易、更快捷的获得，同时也能延伸员工本身对企业、设备、客户的感知和反应。例如，远程设备维护、高原或危险区域人员定位与作业安全等。

【案例分析】主要能源企业数字化转型之路

经过国家"十一五"、"十二五"规划建设，特别是通过国资委要求的信息化"登高计划"建设，能源企业基本上完成了企业管理优化和应用系统支撑，为企业数字化转型打下了坚实基础。这在企业后续的数字化转型中，从对内强己开始，如何向上增智、向下融合、向外发展，从电力央企一把手谈数字化转型中可以看到能源行业数字化转型的内容、过程与方向。

华能集团将数字化明确为生产数字化、管理数字化、决策数字化、数字化生态，由于近年通过SAP的实施及其扩展，在管理数字化方面已经奠定很好的基础。因此，其未来数字化的发展路径是从智慧电厂到能源数据平台，再到新业态、新商业模式，能源数据平台将通过数据推广到生态圈的应用，从而产生新的商业价值。

三峡集团提出通过智能建造和智慧电厂进一步推动产业数字化，这得益于三峡集团在大型工程项目管理、水电生产管理上积淀的优化。三峡集团在集团化管理的数字化支撑上还可以进一步提升，未来的亮点是通过绿色大数据中心和长江流域天空地一体大数据平台来推进产业数字化。

中广核集团一直关注并致力于核电全寿期管理，打造了从规划到建设再到运营的核电管理平台，未来将进一步发展以数据应用为核心的智慧核电厂、智慧矿山、智慧新能源建设。

大唐集团提出集团经营管控质量、运营生产效率、持续创新发展，强调通过对数字化在集团的新定位、推动集团新管控、新运营、新能力的发展，同时致力通过新的数字化架构（技术）推动集团转型。大唐集团的数字化仍然还是关注集团内部。

中电建集团提出打通内部、融合外部、构建生态绩效加薪–企业资源计划–政府资源规划（PRP–ERP–GRP）项目管理的体系，这是近年中电建集团内部数字化建设的重点。其中PRP是基层项目侧的管理信息化，ERP是分公司、子公司、工程局的管理信息化，而GPR是集团侧的信息化。通过建设PRP–ERP–GRP项目管理的体系，形成集团完整的信息化支撑体系。此外，中电建集团提出了电建云平台，电建云定位为"开放、包容、成长的生态圈"，是中电建集团在全集团乃至电力建设生态圈中共享数据与应用资源，协调工程管理的新手段、新模式。

由此可以看出，信息化基础比较好的华能集团、三峡集团、中电建集团已经建立了内部管理信息化管理，未来数字化转型方向更侧重现场自动化与数字化，以及通过数据应用而延伸出的对外新商业模式的创新，即从产业数字化向数字化产业发展。

以上数字化转型的路径，对所有转型中的大型企业将有所借鉴。通常数字化转型的路径是在内部管理信息化完成的基础上，根据行业特点，首先向现场数字化和企业数据应用方向发展，然后再进一步运用数据资产向企业外部发展。

第三节　数字化转型的三种程度

数字化转型的程度有深浅之分，主要有以下三种程度。

（1）业务与管理的机制优化。它包括企业管理问题与短板的修补、管理效率优化提升、管理方式调整升级，以及应用系统优化固化等。

（2）企业业务的再造与重组。它包括企业主营价值链端到端流程的贯通、企业价值凹地激活、组织人员文化升级、数字信息应用赋能等。

（3）生态与商业模式的创新。它包括企业业务模式的创新、产业结构的重塑、新生态经济形成、数字化产业孵化等。

以上这三种数字化转型程度，可以理解为数字化转型的"点""线""面"。所谓"点"是指业务与管理的机制优化，是从业务、管理、信息技术应用各点上开展转型工作，侧重对企业业务管理的短板问题进行解决，主要是通过应用系统来固化管理方式和提升效率。所谓"线"是指企业业务的再造与重组，是从企业核心价值链入手，通过流程贯通来实现各业务板块的协同，使企业的整体效率得到提升，这个过程必然伴随企业的组织架构及其相关岗位与角色级的调整，也伴随着ERP或其他企业应用集成贯通的系统建设工作。所谓"面"是指生态与商业模式的创新是更大层面上的转型，是对企业业务模式、企业外部生态圈上下游进行重新整合，伴随企业信息数据的增值，为产业链伙伴提供新的服务。

　　"点""线""面"这三种转型程度，在数字化转型的影响范围、复杂程度、变革难度都是逐步增加的。不同类型的企业，由于企业性质、行业特征、市场环境的差异，往往转型的程度也是有差异和共性的。简单来看，企业体量越庞大、行业越传统、国有化程度越高，相对转型的难度就越大，客户是个人消费者（TOC）、客户是企业（TOB）、客户是政府（TOG）的转型难度也在递增。所谓船小好调头，行业竞争充分、业务规模适中、机制灵活的企业，往往数字化转型创新更突出、更彻底。数字化转型的三种程度与企业规模的关系，如图1-4所示。

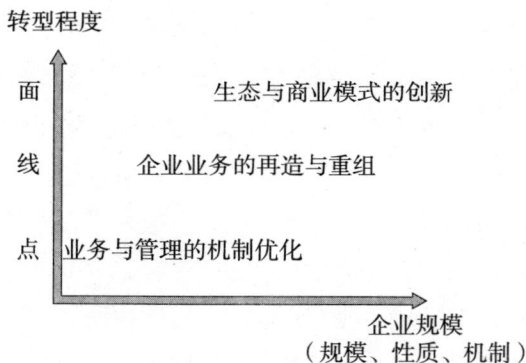

图1-4　数字化转型的三种程度与企业规模的关系

第四节　数字化转型的认知误区

　　行业中对数字化转型并没有统一的概念，经常看到的典型认知误区是不顾发展程度乱用概念。数字化、智能化、智慧化这三个概念的内涵及外延是约定俗成的，三个不同的概念在对被描述对象的程度、范畴上是有一定的差异的。有些数字化转型方案是通过设置传感器，解决部分数据采集问题，也称其为"智能化"；有些数字化转型方案是针对一个具体设备或部件，也号称为"智慧的"……这些乱用概念或无限拔高数字化转型的叫法，会将行业数字化发展导入错误的轨道。

另外一个典型认知误区就是用技术手段来定义和诠释目的。目前业界有很多提法，如运用了先进的信息技术，采集了……，传输了……，分析了……，展现了……，因此就数字化转型了、就智能化了。这是典型的将手段当作目标，"企业上了新技术，就是数字化转型"这样的认知对达成数字化转型目标是没有任何帮助的。例如：数字化转型就是采用了人工智能（AI）、云计算、大数据等技术；数字化转型就是上了RPA（机器人流程自动化）、MES（制造执行）、ERP（企业资源计划）等系统；数字化转型就是上了数据平台；数字化转型就是将CIO（首席信息官）任命为CDO（首席数据官）；数字化转型就是建立了数据驱动的以客户为中心的组织架构；数字化转型就是实现了智能化、一体化、生态化、敏捷化；数字化转型是以数据为中心而不是以应用为中心；数字化转型就是要变成数字化企业；等等。

基于这些错误的认知，在实际数字化转型中很容易导致在转型工作开展的方式与方法上出现偏差，最终导致数字化转型达不到真正的预期目标。

经常容易混淆数字化转型概念的是以下三类情况。

（1）用企业战略规划的方法去规划数字化转型。企业战略规划是研究企业向哪里发展、怎么发展的问题；企业战略规划是解决"转向"而不是"转型"的问题。当然，在充分利用数字信息技术导致企业或行业有根本性变化时，数字化转型往往需要先进行企业战略规划，去审视和研究在新技术下行业的变化，以及企业战略方向的调整。在具体的数字化转型规划项目上，如果客户的行业变化大，牵涉战略调整，应该在项目前期进行明确，并采用战略规划相关的方法和资源，否则会谬以千里。

（2）用企业信息化规划的方法去规划数字化转型。信息化规划是站在技术角度上如何（被动）支持业务管理，其默认的前提是企业战略清晰且业务管理模式相对稳定。简单来说，信息化规划的方法主要是要思考如何支持和承接业务管理。虽然数字化转型同样是站在数字技术的基础上，但首先关注的是如何用数字技术创新性的改变业务活动的方式，以及数字化转型对业务的推动、更加关注创新业务所带来的价值。很多冠以数字化转型规划的工作，如果按照企业信息化规划的方法开展，对业务管理优化与创新是远远不够的。

（3）用大型系统实施项目简单代替数字化转型。大型系统实施往往会以当前业务管理现状作为需求，通常在业务管理的优化与创新方面思考不足，对企业新业务模式设计、流程优化、组织架构优化缺乏深入的梳理和创新。虽然，通过大型系统实施项目过程倒逼业务创新与变化也是一种方法策略，但这就要求项目实施前有充分的业务管理咨询，再将管理创新优化成果落地到系统建设上。

【案例分析】数字化转型中先不要谈技术

有一家集团在数字化转型项目中希望能通过信息技术，推动集团整体业务实现端到端的贯通，形成一个自动、有机的业务链条。在项目前期"松土"阶段就宣讲了信息技术将为管理优化与业务贯通的价值与效果，号召各方都要积极参与到数字化转型的变革优化中。项目启动后，在我的建议下，集团从各公司、各部门抽调了近20人的专职骨干人员组成项目团队参与项目。这些骨干通过了集团高层的筛选，又通过我的面试后进入到项目组，个个激情满满，摩拳擦掌。

进入项目组后，我启动了一系列针对专职骨干的专题培训与分享，并组织大家就集团管理现状与业务问题，以及对潜在方案进行前期讨论，作为项目咨询与设计前的"预习"。在讨论中我发现大家的思考始终在提应用系统需求上，于是我让大家讨论当前业务管理存在的问题短板，很多人立即提出OA（办公自动化）的流程过长、输入量过多，以及销售看不到客户已经付款的信息，建议增加同一个项目下的采购汇总信息等。看来，前期"松土"阶段的宣传，给大家留下了"数字化转型项目就是上系统"的错误理解，使大家的思考角度局被限到"思考信息系统的需求"上，而不是业务管理本身。

因此，我不断地提醒大家，数字化转型要实现对业务管理的优化，思考问题的出发点要放在业务管理上，从业务经营结果去看业务管理中存在的问题和短板，分析追溯其根源，最终通过管理模式创新、流程优化，甚至组织架构优化来解决问题。接下来再将这些优化的模式与流程，通过信息系统实现。但由于思维的惯性，加之核心骨干本身没有受过咨询思维方面的训练，很难切入对业务管理本身的思考与分析中。我一方面加大了对项目组人员的培训与案例分享，另一方面宣布了一条规则，即在项目第一阶段业务管理现状分析结束前，所有项目组人员都要先放下和忘记信息化，只思考与讨论业务管理，谁再提出并讨论了信息化，谁就要在项目组的微信群里发100元红包。通过这种方式，逐步将项目组人员的思考聚焦到业务管理上了。

第五节　从企业战略高度看数字化转型

很多企业要么把数字化转型理解为简单的管理信息化建设（重心放在数字化上），要么把数字化转型理解为企业战略选择（重心放在战略方向转变上）。从企业战略的高度应该如何看待和定位数字化转型？

打一个比喻，假期我准备从成都开车到三亚，这是一个战略目标，要达成这个目标，需要考虑走哪条路（赛道）、谁来开车（赛手）和开什么车（赛车）这三个方面。

　　赛道是确定走哪条路，全程是走高速还是走乡村小道，如何避开拥挤的道路等。这就是企业战略应该思考和确定的主要问题。

　　赛手是确定谁来驾驶和维护这辆车，确保驾驶过程中能有效把控方向，合理调整行车路线和速度。这就是企业人员能力与高管领导力的发展问题。

　　赛车就是确定这辆车能在确定的战略规划赛道上跑起来，并且这辆车既能走高速公路，也能走乡村小道，还能爬坡涉水。这就是企业的管理体系，包括经营管理模式、配套组织与流程，以及必要的信息技术工具。这里的信息技术工具就相当于汽车的仪表或自动驾驶装置。

　　因此，从企业战略目标达成的这个顶层视角上看，数字化转型的这个"型"，更多是指"赛车"，通过数字技术将"赛车"改造（转）得更加适应既定的"赛道"，配更好的仪表帮助"赛手"能更好地驾驶，从而安全到达预定的目的地。简单来说，数字化转型不涉及企业战略中"赛道"的选择与改变，也少量涉及企业人员能力发展（赋能），在"赛道"与"赛手"这两个方面，数字技术本身是帮不了太多忙的。

　　企业的"赛道""赛车""赛手"是随着客观情况的变化而变化的。通常企业在创业初期，企业家首先依赖的是"赛手"，有了忠诚、能干的"赛手"，"赛车"和"赛道"差一点也没有关系，总有人能逢山开路、遇水搭桥。但企业做大以后，人多了，心就难齐了，而且人本身就是最难驾驭的要素，企业核心人员的流失或变动，往往会给企业带来致命的影响。因此，企业家更想把个人能力转换成组织能力，这时候就需要企业打造"赛车"（数字化转型），通过企业管理体系的建立，让企业这辆"赛车"由谁来驾驶都能跑。

　　一个企业实现其战略目标（或企业家梦想），依赖的无非就是"赛道""赛车"和"赛手"。

企业初创时期，为什么企业家都比较重视通过股票期权来挖人。因为此时企业最需要的是"赛手"。"赛手"一方面可以选择"赛车"，另一个方面也能在大方向明确的前提下调整"赛道"。这个时期企业最大的特点是管理变化快、没有特别成熟的套路，空降一位高管可能很多做法就变了。这个阶段企业基本上是靠人治，靠创始人的个人判断与风格，以及核心高管的能力。

企业走向成熟后，"赛道"已经清晰并通过验证是可行的，这个时期最大的痛苦是每个"赛手"都有自己的想法和套路。"赛手"好一点的，让行程少走弯道，差一点的就会来回折腾。因此，这个时期企业经营成果极其依赖"赛手"。例如，一个超级销售就能挽救一个企业，将企业带到一个新的高度。这个时期，企业思考的是如何将优秀的个体能力转换为组织能力，打造"赛车"成为关键，这也是企业最需要转型的时候，如果转型成功，就能从"游击队"变成"正规军"，脱胎换骨成为一个管理有章法的稳定企业。

企业再进一步成熟，需要面临市场变化不断调整"赛道"，在竞争中获得优势，这个时候数字化转型犹如"赛手"改造"赛车"。如何让"赛手"更好地驾驭"赛车"，如何让"赛车"更好地助力"赛手"，特别是给"赛车"增加更多仪表或辅助驾驶装置，从而能帮助"赛手"快速判断"赛道"，合理选择道路，规避拥挤，实现弯道超车。

数字化转型对业务管理的优化可以比喻为改装"赛车"，建立健全符合战略目标发展要求的管理体系。数字技术对企业赋能可以比喻为给"赛车"加装仪表或自动驾驶装置（数字技术的应用与数据的深化应用），给"赛手"赋能。数字化转型就是两步并作一步改造与优化"赛车"，并增强"赛车"的仪表与辅助驾驶装置，从而使企业更好地实现战略目标。

第六节 从企业家的视角看数字化转型

在企业数字化转型中，企业家更关注的是战略目标达成，具体的手段可以不限。如何最有效地让企业变成自己所希望的那样？战略转型、流程优化、组织架构优化，其实都是一种手段与方法，利用数字技术和数字化转型来推动企业优化升级，让企业变得更好才是真正的目的。

企业家眼里的数字化转型，是以目标与价值为导向，而不是以方法与项目为导向。在我参与的数字化转型项目的企业中，企业家会反复提及转型的初心。在企业家眼里，数字化转型最终是要把企业做得更好，让企业更大、更强、更久。而在具体实践中，无论是企业内部骨干，还是企业外部协作的咨询团队，往往是以做项目、上系统为目标导向。

企业数字化转型，首先是一个企业业务与管理优化的过程，这个过程可以是企业自发的变化，但需要通过一个个具体的项目来推动。过往对转型或数字化转型的很多思考与讨论，往往还是从一个项目角度在思考方案和方法。而数字化转型的端到端，一端是问题与挑战，另一端是闭环的问题解决后的改变与成效。从项目的角度出发，会提出转型方案，甚至应用系统的实施，即设计出"怎么转"；而后续仍然需要企业根据转型方案"转起来"，这就包括管理制度与流程、组织架构与人员的相应调整，以及工具使用习惯的调整。

企业数字化转型的"怎么转"相对容易，但自身"转起来"却非常难，旧的工作方式、思维习惯、风险抵触等都是转型中面临的真正难题。咨询公司在大型ERP（企业资源计划系统）或开发实施项目的过程中，通常都有变革管理这样的工作穿插在项目中，试图化解和解决这些的矛盾。一方面项目上的变革管理手段有限，另一个方面项目中实际的变革目标是"把系统用起来"，因此，无论是变革的深度和效果都是有限的。基于此，我们要清楚地认识到：

（1）企业数字化转型是企业自己的事情，而不是买个咨询项目就能解决的事情。因此，企业高层精力投入和内部专职业务骨干参与其中是非常关键的。这个数字化转型的过程就是企业高层思考的过程，也是内部专职骨干学习和落实的过程，特别是在咨询公司项目中，内部专职业务骨干通过与咨询顾问的共创，对数字化转型有更加清楚的理解和认知，然后成为数字化转型的星星之火去燎原整个企业。

（2）企业数字化转型是一个长期的过程，应该由企业内部或外部的一系列项目来支撑和驱动（有些项目或工作应该由企业内部承担）。这并不意味着数字化转型就是一个个项目，数字化转型咨询项目是必要条件但不是充分条件。企业最好建立转型办公室，对变革及其项目负责，包括项目前的策划、项目中的计划、管理与推动，以及项目后的评价。

（3）企业数字化转型应该按照整体规划分步展开。数字化转型工作千头万绪，从哪项工作开始，达到什么目标效果，用什么样的节奏开展、资源如何投入、各项工作与项目之间如何衔接，都应该通过整体规划来想想清楚、设计好，然后稳步展开。

我把企业家眼里以价值为导向的数字化转型完整过程抽象为五大步骤：想清楚（为什么转）、规划好（怎么转）、设计好（方案层）、落下去（变革过程）、显成效（评价迭代推广）。以价值为导向数字化转型的五大步骤，如图1-5所示。

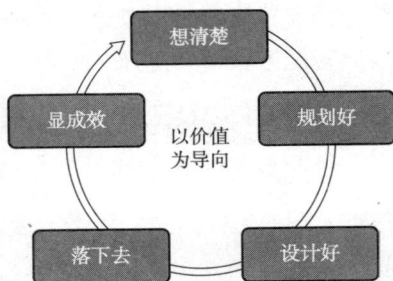

图1-5　以价值为导向数字化转型的五大步骤

1. 想清楚

这是企业真正面临的问题，或企业未来希望达到的新高度，是数字化转型的目标和驱动力。如果一个企业家对自己企业没有睡不好觉的问题，或者没有心潮澎湃的梦想，就不要做数字化转型，如果要做，那也就是某业务部门的事情，不能叫企业数字化转型，最多就是企业信息系统建设。

2. 规划好

在千头万绪的业务中，找到问题的根源，找到撬动企业发展的"助力器"，解决一个关键性问题，很多问题可能会够迎刃而解，而不是简单的"有什么病就开什么药"。数字化转型有很多路径、策略，有些需要通过组织推动，有些需要流程贯通才能达到效果，还有些通过数字化系统直接就能见成效。有些业务的变革准备度高，有些业务的关键人员固执难以撼动，这些都需要洞察企业真实情况后，站在顶层进行思考、设计和规划。

3. 设计好

数字化转型是一个由点到线、由线到面的过程，在具体业务管理上，如何基于企业本身的特点，结合行业情况、最佳实践，形成既专业又适合的切实可行方案，这就需要专业的咨询公司与企业高管，以及业务骨干进行共创。在这个过程中，咨询顾问和企业业务骨干会有各自的价值贡献，任何一方的缺失或不作为都会使方案打折扣。因此，数字化转型是一个共创的过程。

4. 落下去

数字化转型的真正难点是转变，好的方案往往到这个环节就被各种理由"挂在墙上"了。一方面有转型过程中人性的一面，人通常不喜欢自己被改变，被迁移出自己舒适区；另一方面往往是企业家或企业高管团队自己的犹豫与不坚持，一有异议就再议。在这个过程中，首先要企业家与企业高管团队有定力，其次要发挥咨询设计的业务骨干作为星星之火的作用，最后才是咨询公司各种变革的手段和方法。

5. 显成效

数字化转型并不是拿到咨询公司方案就万事大吉了，也不是业务管理按照设计方案调整到位就结束了。回归初心，企业花了钱，上上下下也折腾了，是否真正达到预期的目的，这是需要追问和评价的，并以此不断地修正和调整数字化转型方案，弥补问题，放大有效点，最终让数字化转型的成效不断地得到巩固与发展。

引用一位上市公司董事长在企业数字化转型启动会后对咨询公司提出的工作要求："我要的不仅仅是漂亮的方案报告，而是业务发展的最终转变；我要的不仅仅是一个个成功的项目，而是项目整体达成的成效。"

【案例分析】国家电网公司数字化建设发展历程

国家电网公司一直走在央企信息化和数字化建设的前列。公司从2005年启动SG186工程开始，坚定的推动信息化发展，通过经历"十一五""十二五""十三五""十四五"的信息化规划的引领与持续建设，已经达到央企领先的数字化水平，这个过程值得回顾、总结与借鉴。国家电网公司数字化建设发展历程，如图1-6所示。

"十一五"期间，我刚从电力行业信息化集成商转入到咨询领域，国家电网公司启动了SG186工程，我有幸成为最早参与其中、成为交流后续项目的成员。当时国家电网公司的战略目标和业务发展是"集团化运作、集约化发展、精益化管理、标准化建设"，因此与之配套的信息化策略是集中、统一、规范，建立横向到边、纵向到底的信息化平台。

国家电网公司数字化发展历程	"十一五"(2006—2010) SG186时代	"十二五"(2011—2015) SGERP时代	"十三五"(2016—2020) 泛在物联网时代	"十四五"(2021—2025) 数字化转型
战略目标与业务发展	· 集团化运作 · 集约化发展 · 精益化管理 · 标准化建设	· 坚强智能电网 · 一流电网企业 · 从"四全一划"到"三集五大"	· 泛在电力物联网	· 枢纽型、平台型……
数字化策略	**业务规范统一贯通** · 统一规范 · 横向到边纵向到底	**平台统一集中集成** · 平台集中应用集成 · 智能决策安全实用	**新技术赋能** · 泛在电力物联网 · 新技术引领	**产业链贯通创新** · 产业数字化、数字化产业
推进路径手段	· 五统一 · 分步实施、分层推进典型设计、试点先行、全面推广的原则	· 企业架构架构管理 · 以点带面，统一建设，分级负责，明确责任，加强任务落实	· 新技术应用 · 通过上云物理集中	· 数字化产业在网省公司推动

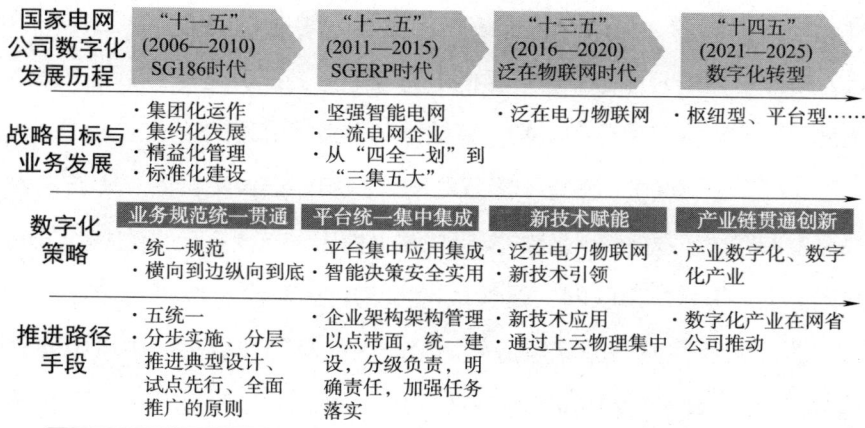

基于国网历年发布的信息

图1-6　国家电网公司数字化建设发展历程

推动的重要手段是SG186工程，即一个平台、八个应用、六大保障体系的建设。推动全集团各网省公司在技术平台、核心业务管理应用系统、在信息化治理与保障机制上的统一、规范。在不到五年的时间，国家电网公司极大地统一并推进各网省公司的信息化水平，特别是信息化投资比较少、相对落后的网省公司，很快将其信息化水平提升到一个统一的要求水平上，这个过程也带动了网省公司的电网运营和管理水平。

"十二五"期间，国家电网公司在SG186工程的基础上，推动了SG-ERP工程。我带领团队承担了SG186工程全面评估和后续建设蓝图的规划建议。国家电网的战略与业务发展目标是"坚强智能电网、一流电网企业"，开始推动"三集五大"。"三集"是人力资源、财务、物资集约化管理，"五大"是大规划、大建设、大运行、大检修、大营销。"三集"是按照共享中心的理念进行业务的集中，"五大"是强调围绕核心业务的横向协同贯通。因此，配套的信息化战略与策略是"平台集中应用集成、智能决策安全实用"，SG-ERP工程建立了与集团战略发展要求高度一致的信息化平台。通过信息化平台进一步推动了整个国家电网公司人力资源、财务、物资集约化管理，使规划、生产、工程、运行、检修、营销等核心业务的横向协作与业务流程贯通得到加强，整体优化了国家电网信息化的架构，有效推动了业务战略的达成。

"十三五"期间，正是中国互联网公司和"云大物移智"等新技术快速发展阶段，国家电网公司发展战略上提出了"泛在电力物联网"的方向，"泛在电力物联网"是构成能源流、业务流、数据流"三流合一"的能源互联网，国家电网公司第一次在集团发展战略中将电网的"坚强"和"智能"融合起来，将信息化、数字化、自动化、互动化的"智能"技术特征放在集团发展战略的高度上。在这个时期，基于SG-ERP时期建立的集中集成的应用系统基础上，不断地丰富新技术的应用与赋能，特别是物联网的信息采集、机器人巡检、运营监控与数据分析等，不断地丰富了应用系统，应用系统给电网业务与管理带来的创新与价值不断地被引爆。这个阶段，原有的基础设施，也不断地云上化。

"十四五"期间，国家电网公司明确提出了数字化转型，发布《能源数字化转型研究报告（2021）》，国家电网公司在数字化转型中提出了"产业数字化和数字化产业"两个重要方向。在产业数字化方面，进一步加大、加快新技术的广泛应用与创新应用。

可以看到，从"十一五"到"十四五"，国家电网公司的数字化转型是一个由分散到集中、由管理到现场、由业务到数据、由内部应用到外部服务的渐进过程，这也是大型央企数字化转型的典型过程。这个过程的成功也呈现出了几个值得关注和借鉴的经验点。

（1）数字化转型与公司战略保持高度一致。在这四个五年发展规划中，国家电网公司从支持集团化和精细化战略，到支持集团管控集中与智能电网战略、再到支持泛在物联网等，每一次的数字化建设，与国家电网战略都是保持高度一致。

（2）数字化转型中首先推动了业务管理优化。特别是在"十二五"期间，国家电网公司有效地推动了"三集五大"，实现全国网业务管理的向上集中和横向协同，全集团的人财物得到集中，生产检修、客户服务等业务管理专业化程度和协同程度得到加强。

（3）数字化转型中通过新技术和数据应用产生新的业务价值。在"十三五"期间，国家电网公司各网省围绕电网核心业务开展新技术应用和数据深化应用，在本来就比较强的电网自动化基础上，不断探索云计算、物联网、大数据等新技术，包括图像识别、无人机巡检、BIM变电站、数据防窃电、数据侦测企业排污等应用，爆发出新技术和数据挖掘带来的业务效率提升、管理效益提升和社会价值提升。

在这二十年的数字化转型过程中，国家电网公司在转型方法上贯穿其中的核心体现在了三个方面。

（1）引入企业架构及其架构管控的方法。在"十二五"期间，国家电网公司引入企业架构理念并融合到信息化工作方式中。2011年，国家电网公司颁发《国家电网公司信息化架构管理办法（试行）》，从架构管理原则、架构管理组织、架构资产管理、架构设计管理、架构管控、管理考核等多个方面对全集团企业架构进行了规范，确保整个转型工作"一张统一蓝图绘到底、不走偏"。

（2）数据治理逐步得到重视。国家电网公司数据治理是在"十二五"末引入理念与方法的。在"十一五"期间，国家电网公司信息化还处于各网省公司分散到统一建设中，数据治理没有得到重视。在"十二五"初期，数据质量成为短板并制约发展，特别开始进行电网运营监测中心建设中更加意识到数据质量成为约束信息化深化应用的瓶颈。因此，国家电网公司在统一企业数据架构的基础上，数据资产这个概念开始被关注，数据治理的相关工作开始被加强，这为后续"十三五"数据深度应用，"十四五"数字化产业奠定了数据基础。

（3）利用国企优势通过大会战方式推进数字化转型。国家电网公司项目管理与变革推进是国网信息化卓有成效的核心原因。在"十一五"期间，国家电网公司在启动信息化的从分散到统一这个关键环节上，最开始无论是各网省公司，还是外部咨询公司，大家都不太相信国网能将各网省的信息化进行统一、规范、集中，以国网各省管理的差异、信息化的差异，以及信息化建设固有的思维和工作方式，建立统一、集中的信息化平台和管理方式，真正实现"四个统一"，是几乎不可能完成的任务。国网SG186工程采用"大会战"的模式，以一种国网特有的准战时的人员组织和动员方式，通过"四个统一"，自上向下领导和推广一系列重大项目的实施，在这个过程中，对整体内容的同步性、相关性与实施速度之间进行平衡，采用大规模并行、快速推进为主的实施模式，取得了SG186工程的有效实施并成功验收实现了信息化的跨越式发展。

本章要点总结

（1）数字化转型，不用纠结什么是信息化、数字化、智能化，利用好技术为企业提升管理效率、提高经营成效，都是"好的转型与转变"。

（2）数字化转型，并不是什么新东西，企业过往在信息化的投入和应用，都是数字化转型的过程。这个过程有快有慢、有长有短、有强有弱，但都是在路上。

（3）数字化转型，信息技术是手段，不是目的，最终是为了改变业务管理，达成业务管理的目标与成效。因此，应该坚持以价值为导向去开展工作。

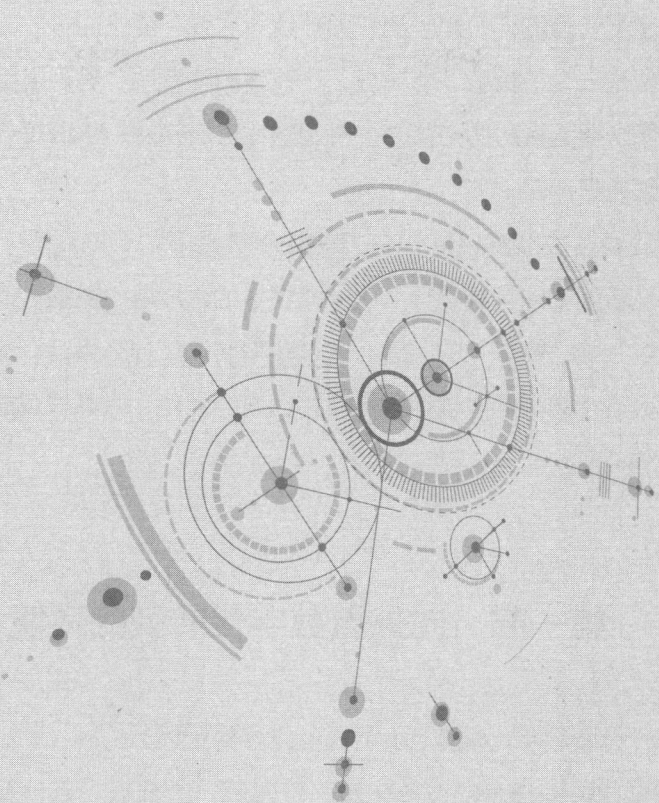

第二章

想清楚
转型的初心

　　数字化转型的初心是解决"为什么转"或"能不能转"的问题。数字化转型是一个"折腾"的过程，企业要消耗费用，承担风险，企业家和核心团队要消耗时间与精力，付出的代价所换回的价值是什么，这个问题必须先想清楚。

　　企业要达成战略目标，首先需要清楚当下企业的规模、内外部环境，以及所面临的挑战是什么，战略目标的达成是"赛道"的问题，还是"赛手"或"赛车"的问题，通过转型要达成什么目标。这些都是企业启动数字化转型前应该深入思考并回答的问题，否则很可能就真的成了瞎折腾。

第一节　向外看数字化转型的环境

　　为什么要数字化转型，业界有非常多的论述。

　　从全球数据技术的发展来看，互联网、大数据、云计算、人工智能、区块链等数字技术创新活跃，新技术特别是数据作为企业的资产价值得到关注，并逐步应用到企业和经济社会各领域。全球经济正进入由信息产业主导的数字经济时代。传统产业加速向智能化、绿色化、融合化方向转型升级，新产业、新业态、新模式蓬勃发展，推动生产方式、生活方式发生深刻变化。多种新技术的发展对行业及带来了颠覆性的影响，数字经济成为重组全球要素资源、重塑全球经济结构、改变全球竞争格局的关键力量。互联网+、数字经济、共享经济、人工智能是创新驱动的发力点。

　　从国内层面来看，2020年9月，国资委发布《关于加快推进国有企业数字化转型工作的通知》中提出促进国有企业数字化、网络化、智能化发展。此外，"上云用数赋智"行动、"十四五"规划等相关政策均对企业数字化转型提出了指导方向。国家层面将集中力量推进关键核心技术攻关，也将适度超前部署数字基础设施建设，这为企业数字化转型奠定了良好基础。同时，国家层面也将大力推动数字产业创新发展，打造具有国际竞争力的产业体系，加快深化产业数字化转型，加快装备数字化发展，组织专项工程，打造标杆企业，发挥数字协同平台等公共服务平台以及龙头骨干企业的赋能作用，带动中小企业数字化改造。

这些都将为企业数字化转型创造良好的外部条件，而且这些都是企业进行数字化转型的外在条件，而非内因。企业将自己变得更加强大，从而达到企业追求的长远目标。这些才是数字化转型真正原因与动力。

第二节 向内看数字化转型的初心

有些企业进行数字化转型前，本身并没有想清楚，只是看别人转自己也要转，但没有真正的洞察到自身需求，没有找到企业数字化转型的源动力，往往一遇到问题、困难、波折，转型就会半途而废。因此，企业数字化转型更应将视角看向企业内，包括企业所处的环境、企业目前的发展阶段、企业的优势与短板，约束企业战略与持续发展的瓶颈等。我们用四个三角形关系来看企业。

企业框架三角形：赛道、赛车、赛手。

战略控制三角形：客户、产品、成本。

经营状态三角形：经营者、资本市场、专业顾问。

企业治理三角形：人治、法治、心治。

1. 企业框架三角形

将企业经营的要素比喻为赛道、赛车与赛手三个维度，一个企业至少要在一个维度上占尽优势。要么赛道好，风大到把猪都能吹起来；要么赛手"牛"，什么市场环境下都能游刃有余；要么赛车好，什么市场环境、什么人来，企业的机制都能确保经营能持续下去。看清楚企业框架三角形的三个维度，就能有效的补齐其他短板。

2. 战略控制三角形

在企业战略的业务设计中都会明确企业核心竞争优势是靠客户亲密，还是产品卓越，或是成本领先。一个企业要生存发展，这三个要素是至少要占其中的一个，才能立足市场。哪一个要素成为企业的核心竞争优势，是企业在战略的业务设计中需要根据自身情况和行业竞争态势来选择的，甚至带有企业创始人的秉性。弄清楚企业战略控制三角形的三个要素，在一定程度就能感知到企业的"基因"，转型中就能清楚哪些能转，哪些不能转。

3. 经营状态三角形

它是从经营者、资本市场、专业顾问的角度看企业的经营管理水平与未来发展趋势的三个视角。这个三个视角看企业是有差异与侧重点的，经营者关注当前的运营情况，反映企业当前运营的结果与状态；资本市场更侧重看企业的未来，是对未来预期的综合判断；专业顾问更多看企业管理体系，是对当前管理水平、问题、短板的揭示。通过这三个不同视角能很好地洞察到企业的现在与未来。

4. 企业治理三角形

它是从企业管理治理的角度看企业发展阶段下管理文化是依靠创始人或高管的人治，还是靠赛手的眼光的魄力，或依靠管理体系的法治，谁来管，底线都在，不会出格，也不会有大风险，或是靠企业的文化与价值观来达到无为而治，这是东方管理哲学中的一种理想。

借鉴经济学中的不可能三角（三元悖论）原理，任何一个企业，不可能在三角形中每个角都是长板。通过这四个三角形，可以洞察到企业靠什么运营、靠什么管理、靠什么竞争、未来的状态可能是什么样，从而能更好地识别数字化转型，即该转什么、不该转什么、什么时候转，以及在有限的时间、有限的资源，面对特定的行业，如何转型才能取得更大的发展。

无论采用什么模型去洞察企业，往往企业家本人是本行业中最了解本企业的人。因此，对数字化转型一定有企业家自己的初心。我在帮助企业开展数字化转型项目时，首先会问企业家两个问题：

（1）睡不着的时候想的事儿——痛点；

（2）睡着了的时候想的事儿——梦想！

第三节　数字化转型前的准备

仅仅有初心是不够的，企业家在确定数字化转后，需要审视数字化转型的条件，并做好转型前的各项准备。

审视数字化转型条件是一个非常关键环节，否则贸然启动转型后，由于事先准备不充分而半途而废，会极大地打击企业员工的积极性，以后再转型就更难了。因此，企业在数字化转型前，应该做出几个方面的准备。

（1）高管层面的共识。并不是人人都希望改变，思想上的共识首先来自企业高管层面的共识。数字化转型需要企业高管层面的认同，并在具体转型中进行组织，转型是否得到他们的理解和发自内心的认同是非常关键的。企业家事先需要在高管层面对数字化转型的认知做些铺垫，可以通过务虚会等方面进行吹风和摸底，也可以通过年底绩效的短板、外部市场变化事件、行业调研学习等方式，来放大问题、引发思考、推动讨论，在讨论中去引导。对个别思想相对保守的高管需要交流、交心，但也要做好"不换思想就换人"的准备。此外，还需要与上级单位、股东方做好沟通与铺垫，达成共识。

（2）人才的储备。企业是否具备数字化转型的能力也是一个需要事先判断的内容，转型能力主要体现在转型核心人员的储备上。首先企业是否能够选择出一批参与并引领转型的业务核心骨干，他们既要有一定的职位与话语权，又要熟悉企业管理模式，还要有良好的专业素养，并要有勇于创新的态度和决心，他们通常是企业的后备干部和核心管理人员，需要提前识别一批这样的人员做好储备；其次是信息技术人才，需要有专业的数字化背景与经验，熟悉企业现有技术平台的情况。未来数字化转型落地一定是在现有的技术平台上继承与发展起来的。

（3）资金的筹备。数字化转型是一个长期的过程，涉及面广、内容多，不仅仅需要企业内部抽调核心业务骨干参与，也需要聘请外部咨询商合作，还包括在新技术新系统新平台上的投资。兵马未动粮草先行，企业在资金流上需要为数字化转型留下充足的资金。

（4）合作伙伴的选择。数字化转型是一项专业性很强的工作，应该以企业自身为主，但也需要一定的外部助力，遵循最佳实践和行业经验需要借鉴、专业的事情专业做等原则，企业需要外部咨询商来协助。例如，华为公司的变革转型就借鉴了IBM公司、埃森哲、合益集团、普华永道会计师事务所（以下简称普华永道）等全球级咨询公司的经验。不同的咨询商侧重不同的专业领域，如IBM公司和埃森哲具备端到端的服务能力。数字化转型如何选择合适的咨询商，一方面要看咨询商的专业能力、咨询规划、行业案例与经验，以及顾问资源情况，另一个方面也要看咨询商推荐的核心顾问。咨询商也是铁打的营盘流水的兵，数字化转型的咨询工作更是靠咨询顾问来干。因此，咨询顾问的背景、能力、经验、人品、态度等需要考虑和考核。如果企业核心人员能力强，能够驾驭数字化转型过程，可以选择多个专业咨询商；如果企业核心人员能力相对弱，最好选择一个综合实力强的咨询商，并通过战略合作的方式帮助企业整体驾驭转型工作，即全方位中长期陪伴企业数字化转型，以降低转型风险和成本。

（5）时机的把握。企业做好数字化转型的准备后，就需要选择一个经营环境相对合适的时机来启动转型。这个时机把握需要企业家来判断，毕竟转型过程中需要企业腾出手来强化内部管理，不要在"刀口向内"的时候，市场的风雨变化企业无法及时响应带来经营风险。要做好各类外部风险的识别和预案，然后再放手数字化转型。

（6）将帅的选择。企业数字化转型当然是一把手工程，董事长要亲自运筹，但并不意味说数字化转型就必须"御驾亲征"，毕竟公司战略和经营是公司生存发展的命脉，可以在公司内部选择两位将帅具体领导数字化转型。当然挂帅之人必须是熟悉公司并且深得董事长信赖，且对数字化转型高度认同，并在本企业有一定的影响力和号召力，最好再有一点霸气、一点强势和一些手腕，才能将公司数字化转型一推到底。通常企业在数字化转型时选择挂帅之人会纠结是来自业务线还是来自信息线，既担心业务线领导不懂数字化，也担心信息线领导推动不了业务转变。数字化转型要根据企业数字化转型发展的阶段选择挂帅之人。如果是初级阶段，需要大规模上信息化系统来支持业务管理，信息线领导更适合；如果是高级阶段，需要对业务管理进行优化创新，业务线领导更合适。其策略可以参考第五章第五节"数字化转型中的高层铁三角"中的轮值方式。

第四节　企业发展伴随数字化转型

企业数字化转型的初心和内容与企业所处的行业、自身发展的阶段，以及企业当前的规模都有一定的关系。按照企业发展的规律，企业发展过程大致可分为三个阶段和四个时期，如图2-1所示。

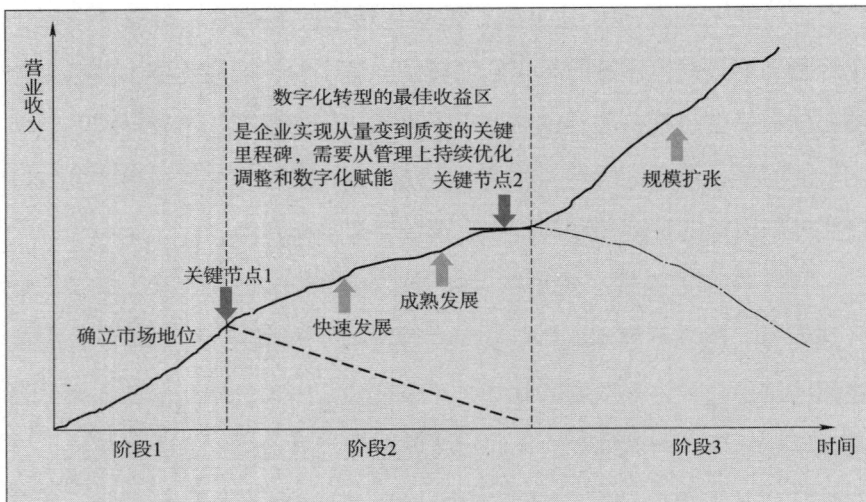

图2-1　企业发展过程的三大阶段

1. 市场确立期

通常这个时期企业管理体系并不清晰，数字化转型从管理和系统的角度看，基本上属于"从无到有"，从创始人和核心管理团队的经验转到现代化的管理体系中，信息系统也从零星孤立系统开始向企业级系统发展。这一时期企业生存与发展是第一要素，甚至"赛道"都还在验证中。因此，数字化转型主要在关键瓶颈业务上，如市场与营销方面，但通常很难在这个时期开展整体的数字化转型。

2. 快速发展期

通常这个时期企业开始具备相对完整的管理体系和信息化平台，但从整体上看，体系性、完整性、合理性不够，多年自发形成的管理和流程显得混乱、复杂和臃肿，特别是主价值链业务流程无法有效贯通，关键管理环节的精细化程度不够。这一时期，管理上的孤岛和壁垒成为企业日常管理中的最大痛点，管理信息系统主要解决手工问题，但无法给企业管理者有效的赋能和帮助。如果战略上选择了好的"赛道"或面临风口，已有的管理体系拖不动企业迎风飞舞，"赛车"已经开始制约"赛手"在"赛道"上的驾驭了。这一时期，如果进行大范围、体系性的管理优化、理顺和贯通，并辅以新技术的提质增效，是非常合适的。

3. 成熟发展期

通常这个时期企业在管理体系上相对完全成型，也很难（也没有必要）进行大规模的整体转型，数字化转型应该聚焦到专业领域，逐一解决企业的短板。在专业管理领域，如销售、采购、财务、研发等专业领域，也会有很大的管理优化和创新提升的空间。这一时期，由于企业的规模与实力加持，能更加专注到新技术对管理的赋能与改变，能敢于用新技术做创新。数字化转型往往是点面结合，以点为主，其核心诉求往往是在局部进行数据应用的创新和示范，或核心信息系统的升级换代。

4. 规模扩张期

通常这个时期企业基本上不会有完整全面的企业数字化转型的诉求，其"型"完全确定，更多是通过数字化来推动管理在"点"上的创新应用。这样的企业规模往往是大型集团，特别是通过并购整合形成这样规模的企业，在管理上追求更有效的管控和资源共享，以集团价值最大化和有效管控防范风险为数字化转型的目标。这一时期，通过推进核心应用系统，或信息系统，如加快财务共享中心、人力资源共享中心、采购中心等建立，成为转型的主要举措。

企业发展中伴随的数字化转型，本身就是一个从粗放到规范、从局部到整体、从孤岛到贯通的过程。在我接触的企业中深切地感受到，一些规模小的企业，通常管理非常成熟有套路，而一些处于风口上快速发展起来的企业，成长速度很快且规模很大，但内部管理仍然像一个初创企业。像这样的企业，往往人很多、很忙，"996"成为常态。在企业人员数量不断壮大的同时，人员的离职率也很高，内部管理缺乏成型的规范体系，效率低下、忙而无序。例如，我参与过千亿规模企业的数字化转型，由于所处的行业比较舒适，导致这家企业的管理水平甚至还不如百亿规模企业，数字化转型提升的空间非常大，成效也非常明显。

在数字化转型理念、内容和重心上，民企、央企、国企有所不同。民企约束少，追求最基本的价值目标，因此，转型中可以转变的"型"没有预设与约束。例如，我曾经问过一家民营企业老板，数字化转型中有什么不能动或不用动的方面，他沉吟片刻后回答我，战略大方向不要动，企业文化不要动，其他的需要动都可以动。而央企，业务管理成熟稳定，加之各类约束和文化惯性，基本上不太可能动实际的业务管理，特别是组织架构、业务流程，基本不用动也不可动，那么唯一能动的就是管理信息系统和数字技术的赋能。央企的数字化转型，首先是围绕信息系统应用，谓之产业数字化（产业如何被数字化支撑），其次是数据深化应用从企业内部延伸到行业，谓之数字化产业（数字化如何变成一个新的产业）。国企的数字化转型范围介于民企与央企之间，转型主要侧重在管理信息系统建设与应用上，但对于面向市场充分竞争的企业，特别是面向终端用户的企业，在市场、营销、渠道等方面还是能进行一定程度的优化与调整。例如，五粮液集团的数字化转型，其最关键的领域就是通过数字技术去优化创新营销与渠道管理，通过推进"百城千县万店"工程和"控盘分利"模式，加强对终端的控制力度，推动实现终端门店网络的赋能化、渠道业务的自动化、渠道秩序的规范化、渠道评估的标准化、业务决策的数据化，通过流程优化调整企业内部管理达到提效的目的。

　　【案例分析】转型强体以御寒冬

　　某汽车零配件公司，在2018年汽车行业普遍下滑的阶段，公司邀请咨询公司帮助进行数智化转型。当时，不仅仅是我作为咨询方在想，而且公司中很多骨干也都有疑问，为什么董事长要在这个行业下滑的阶段投入上千万元进行转型。董事长告诉我，首先，他认为汽车行业是国家重要的基础型工业，不会永远下滑；其次，这个下滑期间所有厂商都受影响，而不仅仅是自己这一家企业，现在要拼的首先是谁能熬过冬天活下来，然后是在行业重新发展起来后能在洗牌中占到先机。当前公司开工不足，产量不饱满，正好利用这个时间段，整理内务、优化管理，将以往想做的、没有时间做的，抓紧做好。未来的企业管理一定会更加依赖数字化，汽车制造业也一定会趋向智能化的无人工厂。因此，通过数智化转型项目，要在企业管理上实现信息流、资金流、物资流的三流贯通，在生产制造上加大智能制造的应用与创新，最终逐步打造成为一个管理高效流转、制造少人无人的企业。这个数智化转型的项目，不仅仅是董事长要解决企业管理与制造的遗留问题，同时也是打造他心目中的理想企业。

　　【案例分析】转型奠定百年企业的基石

　　某汽车电子上市公司，在2021新能源汽车处于上升期间，邀请咨询公司协助进行企业变革转型。企业本身面临非常好的市场"赛道"，管理基础也比较好，同样有很多内部员工质疑，在当前行业风口上，公司又没有大的问题，与其花精力进行管理变革，不如把精力投入到抢占市场上。我在与董事长进行交流的时候也问及为什么要做变革转型，董事长回答我，尽管公司处于非常好的赛道，经营与收入都发展良好，公司架构治理也还处于国内领先，但相比国际企业还有很长的路要走。公司在基础研发、财务管控、供应链等方面还没有达到国际标杆企业的水平。目前公司处于市场风口上，发展会很快，战略目标会加速实现，但当产值到达一个新的规模后，当前的管理体系未必能支撑得起来，必须未雨绸缪，应该打造一个与未来战略发展相匹配、能支撑企业持续发展的百年企业管理体系，否则，市场风口过了，公司业务又掉下去，或无法应对更好的发展机遇。希望通过变革转型，在研发体系、销售体系、供应链体系、财务体系、人力资源体系等各方面，向国际化的标杆企业看齐，能支撑公司新的战略发展目标。可以看到，董事长在企业面临好的市场环境下，想到更多的是提前布局，提前将管理架构优化扩张，更好地面对即将到来的大发展。

【案例分析】打造农业工程业务自动化生产线

某农业工程上市公司，以工程项目为核心的多业态、多区域集团发展格局已经形成，随着公司的业务与战略越来越清晰，公司步入良性发展的轨道。董事长意识到，对一个多项目、多业态、多区域的集团，难以给每个区域（战区）配备完整的能力，即使是各点上的能力与技术得到覆盖，集团各区域、各单位围绕一个项目进行高效协同，也是至关重要的。企业整体协同效率越高、集团整体效率越高，管控能力越强、客户服务能力也就越强。因此，董事长希望对整个集团围绕项目全生命周期进行转型优化，打造协同贯通的项目全生命周期管理，并借助数字技术，建立以项目全生命周期管理为核心的数字化平台，打通底层数据，建立并利用驾驶舱。看清楚并管理好每一个项目，从而使全集团的资源围绕拿项目、管项目、做（互联网）运维，最终回款的全过程高效发挥价值，推动集团业务管理高效发展。可以看到，董事长在发现当前制约业务发展的瓶颈后，利用数字技术推动管理瓶颈的突破，从而为企业更长远的发展做好铺垫。

【案例分析】多元化企业的集团整体效益最大化

某能源化工业集团，2022年面临原材料涨价，产品市场行情不断下行，整体经营压力非常大。董事长提出要通过精细化管理要效益，要通过优化企业经营的采供销储运各环节，实现集团整体效益最大化。但在进行具体的经营分析过程中发现，不仅仅是管理精细化程度不够，而且各价值链各环节信息缺失和不透明，导致集团对具体的经营情况"看不清"、从而"管不细"。因此，集团提出数字化转型，用大数据作为集团精细化管理的抓手，推动价值链各环节的精细化管理，提升业务运营管控水平，实现各环节业务与经营数据透明，使集团既能看得更清，也能统筹管得更好，通过更加合理的生产调配和经济调度，实现集团整体的效益最大化。可以看到，董事长在面对企业经营管理面临挑战的过程中，采用了信息与数据这个有效手段，推动经营管理转型上了一个新台阶。

【案例分析】规范化支撑企业快速发展

某本土医药服务企业，探索出服务中小型医院的新模式，企业经营规模不断发展。在这个过程中，董事长逐步意识到企业从初创期核心团队个人经验自然形成的管理体系已经无法支撑企业快速发展，希望能打造从获客到供货到服务再到收款的贯通价值链，以及配套的财务、绩效、薪酬和人员发展的管理体系，从而将公司的管理从依赖核心管理团队个体，转到依赖公司规范的管理体系和流程系统上。因此，公司成立了转型办公室，招聘了有咨询背景的人才，邀请咨询公司帮助企业进行数字化转型，以快速搭建好管理体系和流程系统，也为未来企业上市奠定基础。

本章要点总结

（1）数字化转型是一个长期的过程，在得到价值成效前是一个投入的过程，这个投入不仅仅是资金，还包括资源和时间。因此，在转型前想清楚"要什么"很关键，否则极容易半途而废，或仅仅是花钱买了咨询、花钱建了系统。

（2）数字化转型前应做好充分的准备，包括高层共识、人才储备、资源准备、伙伴选择、将帅选择等，都是必要的准备工作。

（3）数字化转型在企业不同的发展阶段（市场确立期、成长发展期、成熟发展期、规模扩张期）转型的内容与重点不同，在不同的类型企业（国企、央企、民企）转型的内容与重点也不同，不能简单模仿。

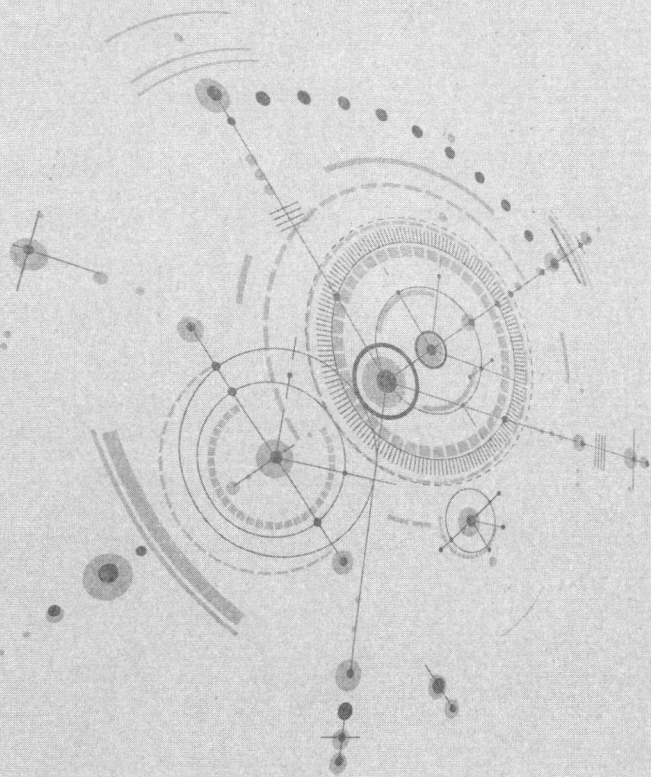

第三章

规划好
顶层的思考

数字化转型蓝图与路径是指导企业有序有效开展一系列转型的总纲。数字化转型的顶层规划主要是解决转成什么"型"和怎么"转"的问题。

数字化转型的顶层规划与思考一定绕不开企业战略的方向，以及各业务战略与各职能战略的规划，也绕不开企业现有的信息化基础。数字化转型的意义与价值主要是推动各业务管理优化与创新，这一方面要受到企业战略、各业务战略与各职能战略的约束，同时又对各业务战略与各职能战略的达成方式、达成路径有更加直接的影响，并帮助推动各业务子战略与各职能战略进行重新思考与策划。同理，数字化转型中落地到数字化平台升级改造，一方面受到企业现有信息化的约束，同时又对信息化的架构、内容、路径有更加直接的改变，最终形成与数字化转型匹配的企业数字化平台升级改造。

在数字化转型的路径上，选择合适的管理突破口，寻找合适的业务切入点，制订与企业适应的推进策略，确定各项工作的衔接关系，有效分配企业资源，然后逐步展开，也是有序开展数字化转型工作的前提。

第一节　企业战略的内涵与外延

通常企业战略包括三个层面的内容，如图3-1所示。

1. 公司战略

公司战略侧重对公司远景目标、长期或中期的财务目标的设定和投资的分配，以及对公司业务群及业务单元组合的谋划和对大型发展机遇的指引。公司战略除了常规的愿景、使命、价值观以外，实体上最关键的内容是设定中长期的财务指标，并明确支撑财务指标的业务群、业务

规划层面　　　　　　　　　　主要解决的问题

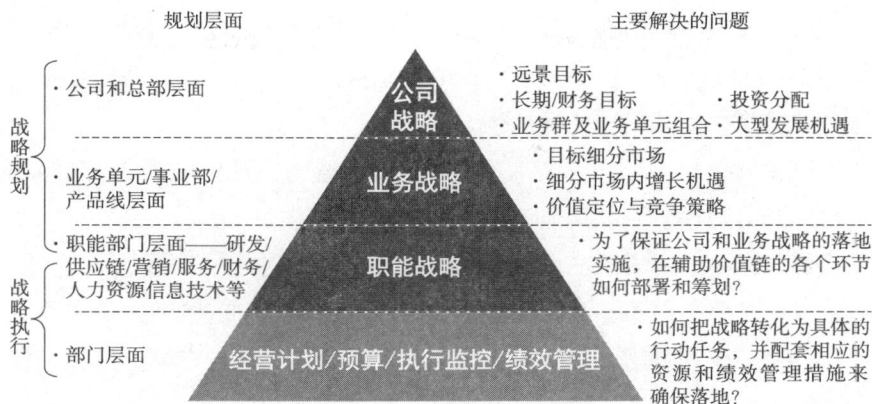

图3-1　企业战略层级示意图

单元组合，即平时常说的"定经营发展的大数字"和"分大数字到对应的业务组合"上。这个大数字的分解，由于企业的规模、地域、产品的复杂程度和管理关系，就会从业务事业单元维度、区域维度，甚至产品线维度进行分解。简单来说，公司战略侧重明确公司要做哪些业务或不做哪些业务，以及中长期各业务的定位和目标是怎样的，应该怎么配置资源等问题。

2. 业务战略

业务战略侧重业务的打法，包括定义目标细分市场、细分市场内增长机遇、对目标客户的价值定位与竞争策略。换句话说，就是如何在公司战略明确的业务下，根据市场环境和对手情况，创新地提出如何赢得市场并完成公司战略的经营指标。简单来说，业务战略就是明确了这个业务如何在目标市场的竞争中取胜，并获得公司战略预定的经营指标。

3. 职能战略

职能战略是为了保证公司战略及其业务战略的落地实施。换句话说，就是在辅助价值链的各个环节如何部署和筹划。职能战略通常包括研发战略、供应链战略、营销战略、财务战略、人力资源战略、数字化（信息化）战略等。从本质上看，如果战略的内涵是企业内部定方向、定指标、配资源，那么职能战略都不应该称为战略，而应该叫配套策略可能更准确。因此，很多关于企业战略的描述中提及的企业战略，往往强调或特指公司战略和业务战略。

在企业战略规划中，通常按照公司战略管理的要求，需要对公司战略到业务战略再到职能战略进行年度战略规划的修订。企业在三层规划的具体修编中，由于对三层规划的各自定位、解决问题的重心，以及规划之间的关联关系不够清晰，容易导致三层战略规划的脱节。单独看每一层的每一个规划都非常完整，但各层规划间的关联性较弱，变成"公司战略无论是什么样，我都会这么做"的现实情况。

数字化转型是通过数字技术改变企业业务管理，直接影响企业的业务战略与职能战略。如果企业的业务战略与职能战略本身就与公司战略脱节，那么数字化转型的难度就更大。因此，通过数字化转型过程中对企业战略的理解、回顾、思考，不仅能理顺数字化转型的相应方向与策略，也能进一步理顺企业的公司战略、业务战略与职能战略的衔接。

第二节　数字化转型与企业战略的关联关系

企业为了有效推进数字化转型，通常会制定数字化战略，或数字化转型战略，或数字化战略规划。数字化转型规划、数字化转型战略规划大同小异，本质上就是规划数字化如何推动企业业务管理转型发展。中国企业通常会将某一个领域的最顶层的思考和约定，叫作战略，类似的有企业创新战略、企业质量战略、企业海外战略等，严格来看，数字化转型战略本身并不是严格意义上的职能战略，其思考在公司战略之下，又比业务战略和职能战略更宽，是要解决转型这个专项领域最顶层的方向问题。数字化转型战略，要回答数字化战略执行的愿景（类似企业战略中的愿景），即未来将是一个什么样的数字化的样子（场景/效果）。

数字化转型转向什么方向（类似公司战略的核心业务/H1、成长业务/H2、新兴业务/H3地平线），数字化转型后要获得什么能力来支撑（类似公司战略中业务设计做什么业务），转型的路径策略是什么（类似业务设计中的业务价值或控制点），最后是转型的要求与代价是什么（类似战略中的企业人、组织、文化等）。因此，数字化转型概念在日常语境中，有两个不同的内涵外延需要特别注意。

（1）广义的数字化转型。通常企业提及要进行数字化转型，广义上理解可以是整个企业要进行转型提升，但不确定从流程、组织或信息技术哪个方面开始转，或侧重在哪个方面的转型，或希望"全面都转"。这严格来看应该称为企业转型。

（2）狭义的数字化转型。企业已经想明白并清楚的认知到希望通过数字技术为抓手来带动优化，或明确转型的重心是数字赋能与信息系统建设等。

广义与狭义的数字化转型仅仅是为了理解转型的侧重点与抓手，在具体的转型推进中是需要通盘考虑的。广义的数字化转型，是围绕组织和流程进行的转型，然后是数字技术在其中的助力和固化；狭义的数字化转型，大致可以理解为以数字化相关系统和平台的建设为重心。狭义的数字化转型下的数字化战略与传统管理信息化战略基本等同。狭义的数字化转型战略可以归类到企业的职能战略中，其目的是让后续数字化的设计与建设的蓝图（应用架构、数据架构、技术架构）能与公司战略、业务战略和职能战略发展保持一致，并且这个建设发展的路径与过程与公司发展的实际情况是同频一致的。

非常重要而基本的方法逻辑是：企业战略决定数字化战略，数字化战略对企业战略有能动作用，这是企业战略与数字化战略的辩证关系。但在具体项目中，往往由于企业战略太虚，或很多企业的战略本身就不完整，导致无法清楚地思考如何将企业战略思考和推导出与其一致的数字化战略。因此，在方法论上，清楚地界定公司战略、业务战略、职能战略对数字化战略的关联与相互影响，就非常必要了。

梳理和抽象出企业战略到数字化战略的关键关联逻辑主线，以确保在数字化战略的规划中，能充分引入企业战略的核心要求去约束和牵引数字化战略。

企业战略与数字化战略的关系，如图3-2所示。

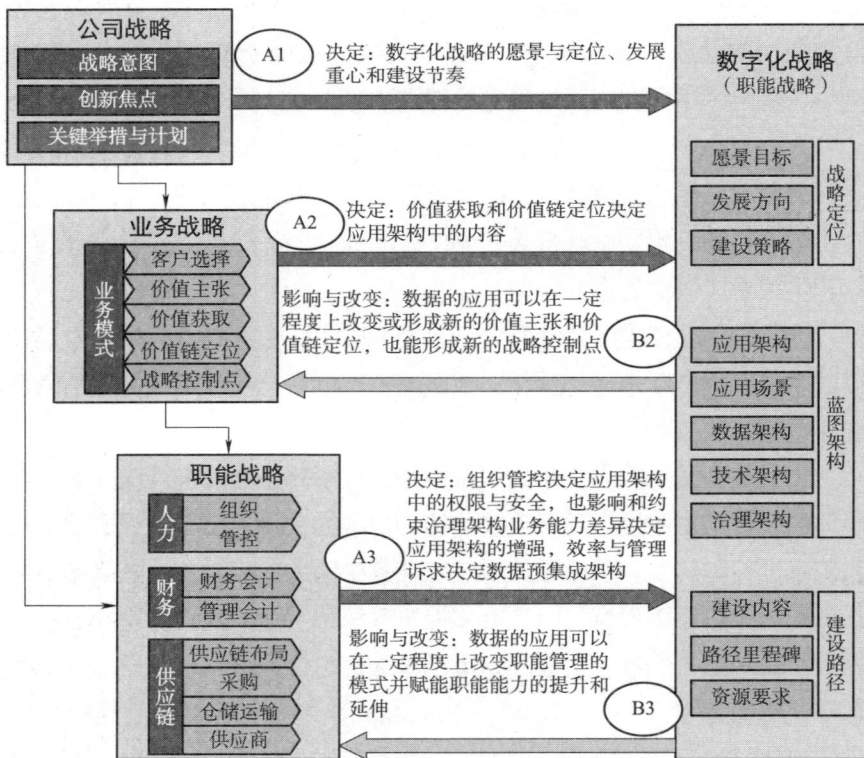

图3-2　企业战略与数字化战略的关系

在图3-2中，企业战略决定数字化战略体现在A1、A2、A3上，数字化战略对企业战略有能动作用体现在B2、B3上。

（1）A1。公司战略对数字化战略的决定，体现在数字化战略中的企业数字化愿景、定位与发展目标。在遵循或引用公司战略中的愿景和发展目标，并在发展重点方向上，与公司战略中战略主题或关键举措保持关联和一致。在发展路径和里程碑节点上，与公司战略中H1/H2/H3

的发展节奏，以及近期的关键行动结合起来。

（2）A2。业务战略直接呈现到数字化战略的业务架构（核心价值链）上，其价值获取与价值主张，以及价值链定位决定企业主营价值链，直接决定数字化战略中应用架构的功能覆盖。例如，业务战略中确定的渠道服务模式、委外制造、强化增值服务等价值定位，确定了应用架构中有渠道分销、售后服务的功能，而没有制造环节的功能。

（3）A3。各职能战略也是首先呈现到数字化战略的业务架构（支撑价值链）上，从而决定了应用架构的内容。人力资源职能战略的组织架构与管控决定应用及其架构部署，也影响和约束治理架构。各职能战略中体现出的职能业务能力与公司战略要求的差异，决定了应用架构中各职能应用功能的增强，职能中对运营效率的要求和对管理精细化的诉求决定应用的细化程度，以及数据与集成架构。

（4）B2。体现数字化对业务战略的影响与改变。数据应用的新场景可以在一定程度上改变或形成新的价值主张和价值链定位，也能形成新的战略控制点。例如，医商企业，通过建立B2C的平台，将业务价值链从渠道经销延伸到终端用户的零售环节；通过数据模型进行物流布局和高效配送，形成对竞争对手的新战略控制点。这些都是数字技术对业务战略的影响与改变。

（5）B3。体现数字化对职能战略的影响与改变。数据的应用可以在一定程度上改变职能管理的模式，并赋能职能能力的提升和延伸。例如，通过供应链数字控制塔，实现从采购到物流配送的科学和高效；通过主机厂与一级供应商的生产计划数据联动打通，改变一级供应商的库存模式；通过财务回款数据对客户进行画像，从而调整客户分级与授信，降低企业经营风险等。这些都是数字化对职能战略的重新赋能。

说明：在企业战略与数字化战略的关系中之所以没有B1，是因为数字化战略很难有场景去改变整个公司战略。可以看到企业战略决定数字化战略体现在A1、A2、A3线上，这就是传统的信息化规划，信息化规划更强调信息技术对公司战略与业务的支撑。有B2和B3就能更好的体现数字化战略对企业战略有能动作用，这应该是数字化战略规划还是信息化战略规划的主要区别。没有B2和B3数字技术就没有对企业业务管理有促进和改变，就谈不上是数字化规划战略规划。数字化战略体现的转型就是通过更多的B2和B3场景，实现信息技术对业务管理的改变。这是数字化转型的真正内涵。

此外，引申到对数字化战略方法论的思考。企业战略到数字化战略的推导过程，即A1、A2、A3的过程，可以遵循信息化规划的经典方法论。而B2和B3代表的数字技术对企业业务管理有促进和改变，本质上没有逻辑可以推导，需要创新性的思考和实践，不断的丰富场景。这其中必然需要用到创新思维方式，包括IBM公司这几年比较推崇的Design Thinking（设计思维方法）和Garage（车库方法）等，都是通过创新思维、敏捷迭代的方式，与客户共创出新的场景，来实现数字技术推动业务管理创新改变。

第三节 数字化转型重心与路径设计的底层逻辑

数字化转型本身并不是目的而是手段，如何最有效地让企业变成自己希望的那样（更好）才是最终目的（初心）。战略转型、流程转型、组织转型，其实都是一种手段与方法，不是每个企业在当下都必须通过数字技术这个貌似唯一的手段来实现转型的。

数字化转型中的这个"型"，通常需要从这五个维度去描述，如

图3-3所示。

数字化转型的五个维度是相互关联、相互支撑的关系。企业管理始终是为了保持这五个维度的动态平衡，这个五个维度构成了企业的"型"。数字化转型如果仅仅是转变其中一个或两个维度，剩下的维度没有随之变化和匹配，那么整个企业管理的平衡就被打破了。

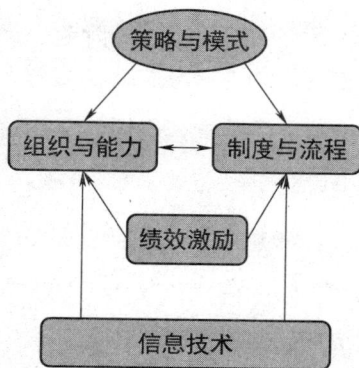

图3-3　数字化转型的五个维度

这就引申出，在（广义）数字化转型中，如果要转变这个"型"，从路径上要考虑从哪个维度下手最有效，能带动其他四个维度的调整，最终达到新的适配与平衡。以组织优化为抓手，就是以组织调整优化牵动数字化转型；以流程优化为抓手，就是以业务流程优化（BPR）牵动数字化转型；以数字技术为抓手，就是数字化平台建设（狭义牵动数字化转型）。无论是从哪个维度入手，最终都需要调整其他维度，以确保整体五个维度的平衡。

在数字化转型中，从哪个维度入手是需要在企业整体的转型策略中进行思考和权衡。不同行业、不同企业，以及同一企业的不同发展阶段，这个入手点都是不同的，应该在转型战略规划中进行评估、识别和确定。

从组织优化入手，在执行力上看是最有效的。有了组织和领导，无论是进一步优化流程，还是互联网技术（IT），变革推动都比较有力。在传统企业中，改变组织和人员是极其艰难的事情。对于这样的情况，往往采用新组织探路的方式开展转型变革，从而以点带面推动起来。

从流程优化入手，在管理效果上看是最有效的。流程的优化能直接消除企业日常的问题与痛点，让企业的改变能从微观开展并逐步延伸到企业全局。这样的转型变革落地性强、见效明显，而且对组织和数字技术的带动也非常清晰。这对于传统企业来看无疑是最合适的着力点，被业务部门全体人员最容易理解、也最容易接受，而且看得见的效果也能鼓励转型的深入。

从数字技术入手，通过数字技术引领业务管理转变，为业务管理注入新的模式和赋能。从数字技术入手也是具有一定的难度，包括企业人员的认知能力、创新能力，以及在本行业中转型场景的丰富性都是前提。数字技术入手，更适合市场充分竞争、贴近终端客户（2C）、管理与信息化基础相对好的企业。例如，医商企业、零售企业、房地产经销行业等，这些面向市场激励竞争和终端客户需求的不确定性，往往通过数字技术能快速改变企业在产业价值链中的位置，或改变销售服务模式，从而从业务战略层面获得新的竞争优势。反之，在传统企业中，特别是本身数字信息化相对较弱的企业。其行业生态模式相对稳定，人员团队稳定思维固化，而且企业本身沉淀的问题短板多。因此，通过领先的数字技术与产品倒逼业务管理的提升、优化与转变，往往因为在业务管理层面上思考和引导不深入，导致数字化转型变成了信息系统软件的实施，使业务管理与信息化更加不匹配，从而在转型中引发新的矛盾与对立。

在实际的数字化转型变革中，并不是简单的以哪个维度为主，其他维度为辅的变革路径，很多是多个维度并举，相互促进。例如，在传统制造业或大多数企业，通常会以业务流程和数字化这两个维度为重点去推动业务短板的弥补和新业务模式和管理方式的创新。因此，在数字化转型的规划和顶层思考中，应该充分理解企业所处的行业和企业本身的情况，找到合适的侧重方向，并逐步带动其他维度的变化。无论从哪个方面入手，数字技术对业务管理的优化赋能和对行业生态的贯通融合，都是必须要深入思考的内容。

此外，数字化转型另一个需要识别的切入点是业务板块，从价值链的角度，企业的营销、研发、生产、供应链、人力资源、财务等业务板块，从哪个板块入手更合适，这是需要根据企业的实际情况来确定的。可以从"最短的短板"入手，也可以从"见效最快""价值挖掘机会最大"的业务入手，还可以从主营价值链入手，或者从后台支撑价值链入手。这些都是需要在数字化转型规划策划中思考和确定的关键路径策略。

第四节　流程数字化转型的最佳切入点

流程是企业管理中牵一发而动全身的关键要素，在企业业务架构中也是最重要的要素。流程定义业务怎么做，从而影响谁来做、什么时候做、在哪里做、需要什么资源做，以及调整做什么、怎么能做好、做的过程中如何控制风险等。

流程为抓手的数字化转型带动企业业务模式、组织体系、绩效体系，内部管控、资源保障等业务管理的优化和转变。从优势业务侧发起，通过一个端到端流程的梳理优化，带动整个企业实现转变，并落地到条线上的各环节利用信息技术进行创新和改变。

以流程为抓手的数字化转型，首先带动企业在管理层面上的变化，其次带动业务与管理层面的变化。流程是一个自顶向下的数字化转型过程，以线串点、以线带面，整体性更好，对企业改变大，成效影响也大。但不足之处是，由于转型思考的重心在业务管理上，往往新技术应用不到位。

在企业业务架构中，流程几乎与所有管理要素直接关联，并以此成为管理的枢纽：

（1）上承战略、下接落地。流程是企业战略和企业管理的具体承载体，也是管理信息系统固化的直接入口。

（2）左联组织、右撑风险。流程决定企业组织架构和角色分工，企业的风险管理与防控也要通过流程来实现过程管理。

（3）高改模式、低变步骤。流程在顶层的改变，甚至影响到业务管理模式的变化；在微观层的改变，影响到工作中的每个步骤。

（4）内聚数据、外显成效。流程带动企业数据的流转、共享和交换，流程的变化能给企业所有人员日常工作带来能感受到的变化。

（5）前承绩效、后映制度。流程的监控指标是企业的关键绩效指标，流程背后的逻辑和约束是企业制度的显性表达。

因此，以流程为抓手，可以有效带动企业各管理要素的优化转变。传统企业在制度流程方面有一定的基础，特别是国企、央企，制度和办法相对完善。例如，财务管理制度、采购管理办法、风险管理制度、销售管理办法等。制度与办法规定了做事的规范与要求，也标明了管理的底线，但由于是文字叙述，缺乏严格的步骤以及步骤中的要求，往往每个人都有自己的解读，或需要领导来诠释与裁判。这种制度和办法让管理有一定的柔性，但也容易产生不规范、不统一的工作方式。企业通常也会根据上级与行业的管理要求，形成贯标的质量要求流程，这些流程体现了管理的规范和刚性，对确保管理底线和统一性的维护起到良好作用。但通常由于不同的质量标准间有差异，有的是基于质量与短板为目的，有的是基于风险控制为目的，突出的是对关键点的管控，而不是基于端到端的完整流程。因此，流程的完整性、统一性不够，关联性不强，也没有层级性。成熟的企业往往有多套质量贯标要求下的流程体系，企业员工没有精力牢记这么多套流程，日常工作常常流于形式。因此，基于制度的传统管理个人可以诠释的空间太大，无法依赖管理信息系统来固化与支撑。

流程作为一种共识的规范，约定了企业所有人做同一件事情的统一方法。由于流程呈现清晰、结构严谨、输入输出明确，可以作为企业做事的共同规则。它不会因人而异的缺失、重叠、交错和冲突，从而使结果更为稳定。流程让不同的人做同样的事情，并有相同的结果，构筑了做事情的风险防控和底线约束，使企业不会由于人员的变动而影响到业务的开展。这是典型的由人治向法治转变的过程，是职能组织向流程型组织转变的过程，也是个体能力固化到组织的有效方式。流程使企业运作更加规范、运营成本更加可量化，制造与产品质量更加稳定可控。

归纳起来，企业流程管理的价值主要体现在以下几个方面：

（1）共同的规则（统一的做事规则）；

（2）对事不对人（专注把事做对、做好）；

（3）事情的贯通（做事过程闭环，不会半途而废）；

（4）职责的清晰（在事上管理者与被管理者的职责清晰）；

（5）价值的增值（做有价值而且值得做的事）。

第五节 ERP，数字化转型皇冠上的明珠

一位数字化转型专家在他的文章中提出，ERP（企业资源计划）是数字化转型皇冠上的明珠，如果ERP都没有做或没有做好，就远远谈不了数字化转型的成功，我深以为然。

百度百科对ERP的介绍是"ERP由美国Gartner Group公司于

1990年提出。ERP是MRPⅡ（企业制造资源计划）下一代的制造业系统和资源计划软件。除了MRPⅡ已有的生产资源计划、制造、财务、销售、采购等功能外，还有质量管理、实验室管理、业务流程管理、产品数据管理、存货/分销与运输管理、人力资源管理和定期报告系统等功能。ERP是建立在信息技术基础上，以系统化的管理思想，为企业决策层及员工提供决策运行手段的管理平台。ERP支持离散型、流程型等混合制造环境，应用范围从制造业扩展到零售业、服务业、金融业、电信业及政府机关；学校等事业单位，通过融合数据库技术、图形用户界面、第四代查询语言、客户服务器结构、计算机辅助开发工具、可移植的开放系统等对企业资源进行了有效的集成。"

简单来看，企业管理的本质就是一套有效资源配置的机制，企业通过掌握的人才、资金、产品、技术、市场、生产、销售和服务等经营资源进行有有效的策划、组织、协调、控制和管理，从而给客户和社会提供产品和服务，也以此获得资源以上的增值利润。ERP就是围绕企业资源最大化平衡利用为目标构建的一套管理方式和信息系统。ERP的核心思想就是整合、调配与调动企业所能掌控的资源，包括人、财、物料、设备等，以信息资贯通流转为手段，对企业的经营进行预测、计划、配置、过程管理和结果反馈，以实现企业人、财、物等资源，在企业经营的产、供、销、储、运等环节有效贯通、过程受控、动态反馈、及时联动，从而获得成本最低下、效益最大化。它是企业最基本的业务逻辑的系统化，这也是它作为数字化转型皇冠上明珠的原因。

行业中都说，ERP固化了领先的管理理念，其实这个与其叫领先的管理理念，不如说是基本的管理理念更准确。ERP承载的是企业最基本的业务过程合理有效配置与管理资源；管控的是企业最基本的业务逻辑算清楚每个资源每笔账。因此，ERP是企业经营管理最基本最核心的信息系统，是企业数字化转型中的刚需。它包括以下三个层面。

1. 平衡企业资源

通过以计划为主线，合理安排企业"产供销储运"各环节各项资源的时间与数量，达到企业整体最佳的投入与产出。ERP通过MRP实现产供销储运各资源的平衡与联动，确保各环节在资源投入的时间与资源投入的数量是最合理的，如图3-4所示。

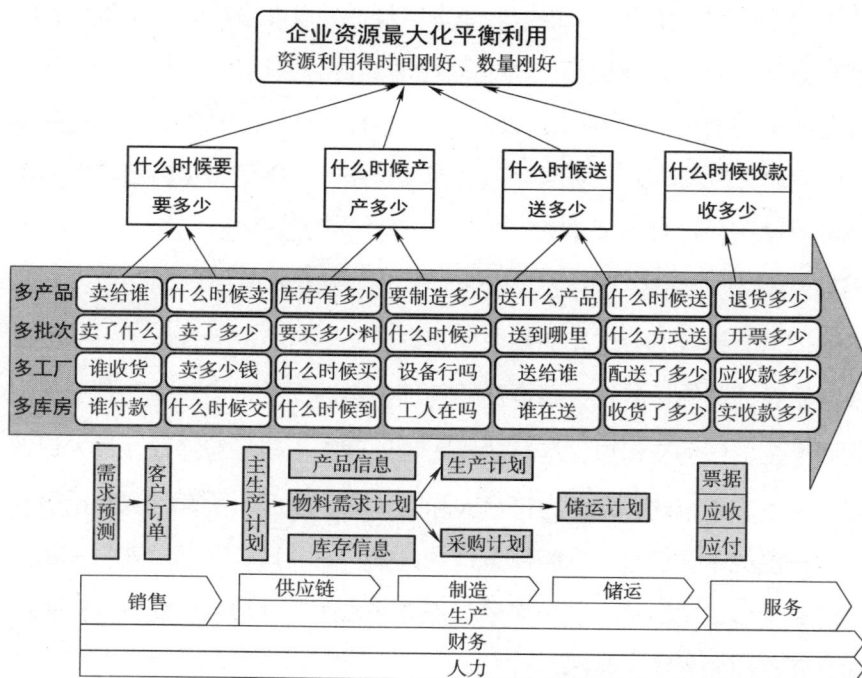

图3-4 ERP实现资源最大化

MRP是在解决料品之间数量、时间的联动关系问题，其目标是要达成供需平衡，做到"数量刚好、时间及时"这个最理想的状况。因此，需要及时回答市场与客户订单"什么时候要""要多少"，生产环节"什么时候产""产多少"，储运环节"什么时候送""送多少"。最后再回答销售环节"什么时候收款""收多少"。在这个逻辑下，特别是对于多产品、多批次、多工厂、多库房、多运输方式的企业，就需要通过ERP中的MRP进行计算，从而在任何一个点上都达成资源的最佳配置。

2. 算清企业成本

通过财务业务一体化，建立科学的成本模型和业务端到端过程的成本归集，实现按产品按组织的成本核算，并以此进行财务管理会计的相关分析，帮助企业更有效的经营管理。财务管理与成本会计是ERP的重要核心部分。ERP将涉及收入、成本、费用、资产变动等业务发生的同时，就将收入、费用计入当期损益账上，并同步更新资产负债和现金流量账，这种方式实现了物流、资金流和信息流"三流合一"，即ERP中计划、销售、供应、生产、仓储、物流等模块功能在业务运行中就记录交易数据，这些交易数据明确定义其对应的会计科目，从各模块原始凭证开始，就视为是会计的凭证，会计凭证是自然就随着业务发生而产生，任何交易过程信息的录入和处理都不得任意涂改，输入错误时只能以调整方式，修正为符合实际的状况，以保留所有的调整记录。

产品成本核算是企业经营管理的基础，对"料""工""费"成本的计算无论是"实际成本法"还是"标准成本法"，以及成本的分摊方式，都需要系统的支持，如图3-5所示。

例如，在SAP（企业资源管理软件）系统的流程性生产中，用BOM（物料清单）定义生产过程中产成品（或半成品）产出和原材料投入之间的数量关系，用资源来定义为生产提供各种功用的设施，人员或其他物质，用主配方是定义原料信息（结合物料清单）、资源信息和

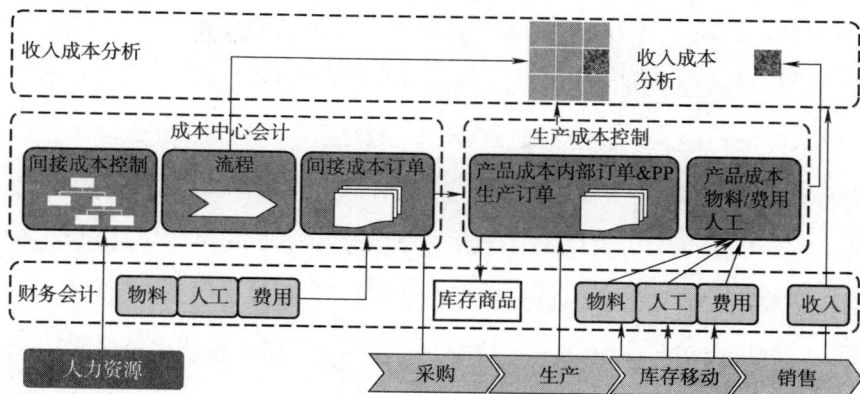

图3-5　ERP实现财务业务一体化

生产工序信息，形成标准成本计算的关键信息。然后用成本中心的概念
将统中归集和控制成本的组织机构与任何一个资源进行关联，从成本中
心产出的各项作业体现在产品主配方的各道工序中，从而实现将生产过
程中各环节的物料消耗、资源消耗归集到产品中、归集到组织中，实现
对成本的精细管理。

3. 企业基本系统

　　通过多个模块覆盖，并贯通企业计划、生产、财务、销售、采购、
存货、分销、运输等各环节，承载企业经营计划与资源调度的基本业
务，成为企业信息系统架构中最基本最稳定的后台支撑。

　　需要注意，我将ERP定位为企业基本系统，或基础系统，而没有
将其定位为企业核心系统。因为在不同的行业，核心业务下的核心系统
是有差异的。例如，电网发电企业其核心业务是电力客户服务和电力资
产的全生命周期管理；银行金融企业其核心业务是存贷款业务与其他
增值服务业务；工程企业其核心业务是工程项目管理。因此，各行业的
核心业务（简单来说是直接经营获得利润的业务）决定了企业的核心系
统。对应到上述行业就是EAM（企业资产管理系统）、Core banking

（银行核心系统）、PMS（项目管理系统）等。对于传统制造业，ERP本身就是其核心系统。同时，所有企业在核心业务经营的背后，都有资源最大化的应用，以及财务与业务一体化的运作。算清企业各项经营成本并进行管理会计下的经营管控，这是所有企业最基本的业务诉求。因此，ERP是所有企业的基本系统，或基础系统。ERP与企业核心业务系统组成企业数字化都是必不可少的基石。

ERP作为企业基本系统，市场上的ERP产品化程度也非常高，包括全球领先的SAP系统，都有广泛的应用。目前市场化的ERP产品，正向以下三个方面延伸。

（1）专业化延伸。除了基本的生产计划、物料仓储、销售分销、财务会计、管理会计、企业资产、人力资源、质量管理等，在专业上不断地发展。例如，电力资产管理、客户关系管理、碳中和管理、劳动力管理等。而且在不断丰富数据辅助决策相关的功能，整体上能覆盖与支持企业更多的专业化工作。

（2）平台化延伸。在数字化技术方面发展迅速，ERP产品正在不断强化系统的整体架构，包括集成互联能力、流程驱动能力、信息数据管理能力、大数据分析预测能力、机器学习能力等。由于ERP产品功能的丰富性和平台架构的完整与强健，并支持敏捷与创新，企业可以基于ERP作为企业统一的业务管理支撑平台，降低企业整体平台建设的难度、周期。

（3）云上化延伸。ERP产品正在积极进行产品的云化转型，从原有的软件许可模式转向基于云上服务，实现云端部署的订阅模式。以SAP、Oracle为代表的国外ERP厂商，2010年就开始布局云上业务，针对大型企业的高端ERP产品能够实现本地部署On-Premise和私有、混合云部署On-Cloud。国内浪潮、用友、金蝶等

ERP厂商，都在铆足了劲研发云ERP新品和大型企业云服务平台，争抢市场，并有望借云计算带来的系统替换机会，在高端ERP市场实现弯道超车。2017年，浪潮ERP产品云化升级为浪潮云ERP，金蝶推出云ERP升级版金蝶云产品，用友云推出针对中小型企业的U8Cloud，国内ERP厂商提供面向大中小微企业全面的云ERP解决方案。

对于大型国企，行业与管理相对稳定，通常会选择大型成熟套装软件（SAP、Oracle、Maximo、People Soft等），这些套装软件管理逻辑严密、技术架构成熟稳定，将全球领先的实践引入到企业中，提高企业的规范化管理和强化管理的刚性。而以互联网为代表的创新型、快速发展型公司，由于管理的动态性和需求的不稳定性，则强调采用开源的自开发软件，通过敏捷开发和快速迭代，建立小而轻的系统，满足当前一定时期的管理要求，在管理与需求变化后，再重新迭代开发或重建。

随着国家自主可控的战略发展要求下，国内已经开始研发自主的ERP软件，2023年4月，华为发布了自研MetaERP系统已经在华为公司成功切换上线，进一步带动国内用友、金蝶、博科资讯等国产厂商加快高端ERP的研发，带动相关产业的发展，但高端ERP的自主研发，也将面临管理人才、产品抽象、软件可配置化、系统可靠性，以及集团型企业下的底层架构、数据、模型的设计难度等问题，需要更多的资源和时间来打磨出国产高端ERP。

【案例分析】一个典型的缺乏规划就进行转型的企业

我最近接触一个新能源公司，正在积极而全面的推动公司转型发展，公司各部门都在积极开展各类数字化转型的项目。2022年，信息部门主导进行了信息化规划，明确了支撑企业发展的各应用系统、平台、数据仓库的建设。2023年，供应链部门发现库存高、流程效率低，启动了供应链优化项目；运营部门开始负责企业流程管理，发现缺乏端到端的企业流程，而且流程与贯标的各类体系不兼容，因此与我交流系统能进行流程体系框架的搭建。与此同时，信息部门发现应用开发前企业的流程梳理是关键，又在策划流程与信息化（BPIT）的整合咨询项目。此外，研发部门也正在积极了解集成产品研发（IPD），着手进行研发流程的改造项目。

这些项目，纵横交叉，相互影响，由各部门基于自己需求而启动的项目，缺乏整体考虑，重复建设、边界打架、前后矛盾成为不可避免的事情，进一步助长了企业的协同壁垒和信息孤岛。例如，信息部门刚上了支撑客户关系管理（CRM）系统不到一年，又启动销售管理体系优化建设，导致刚推导出CRM系统需要重做。又如，供应链体系优化后，供应链的流程与市场销售的订单流程不衔接，导致供应链仍然无法有效跑起来。因此，我告诉客户，你们应该首先做的是数字化转型规划，理顺各业务间关系、挖掘业务的问题与挑战，找到问题短板的根源，抓住转型的牛鼻子，有序推动各项工作，才是正道。

【案例分析】一个失败的软件产品导向下数字化转型

某制造公司，高层一直希望找到合适的契机去推动公司向数字化、现代化管理转型发展。他们在接触到工业4.0软件产品的方案后，认为其核心的理念正是自己希望达成的目标。因此，与行业中实施工业4.0软件产品的厂商迅速形成战略合作，全面推广实施其制造执行系统（MES）、产品全生命周期管理系统（PLM）、供应链管理系统（SCM）等相关软件产品，以期望能通过这些软件达成对生产制造过程、企业研发过程、供应链物流等环节的精细化管理。

然而在实施过程中，公司发现整个过程仅仅是软件部署与配置，对业务管理的方式、流程，配套的组织等都缺乏思考、讨论与优化，特别是PLM的强行实施，给设计部门带来更多的工作环节和大量无效信息录入。在这个过程中，软件实施人员根本不在意对公司业务管理的分析、思考，也不对软件本身进行裁剪，一味地坚持这就是最佳实践，要求企业员工照做就行，引起设计人员极大的抵触，最终实用化程度非常低。整个项目最终被叫停，被公司认定为不成功的尝试。

后来，我参与该公司对工业4.0软件产品的复盘评估。我注意到，工业4.0软件产品虽然是IT系统建设，而公司整体的目的和期望是带动公司经营管理方式的提升，因此不能简单地用工业4.0软件产品的实施来代替企业管理优化与转型。从工业4.0软件产品设计方案上看，仅仅描述了数字化的方向与软件实现蓝图，并没有深入分析公司业务管理状态和未来战略期望达到的方向，也没有分析蓝图与现状的差距，更没有推动公司业务管理的优化与改善差距的方法路径。我仔细分析发现工业4.0软件产品相关的信息系统与公司当前业务管理的匹配度不够，主要是该系统的管理精细度、颗粒度与公司当前管理并不一致，甚至没有必要。它既没有达成软件之间相互独立，也没有达成横向纵向的贯通，从而导致业务协同的难度进一步增加，数据重复录入。此外，整个实施过程软件实施人员与企业业务管理者没有深入沟通，业务决定系统还是系统决定业务没有达成认知的一致，整个推进的过程缺乏变革管理，业务管理人员和使用者难以接受系统带来的新管理流程。

客观地看，这次"不成功"的原因，首先，工业4.0软件产品在公司没达成共识前就推动落地，其软件中体现的管理思想与公司未来一定时期希望或能够发展的水平与管理水平是否匹配，缺乏分析与梳理的。其次，采用软件公司作为管理转型变革的主导厂商是不合适的。软件公司本身缺乏对公司业务管理的咨询和数字化转型能力，进一步加大了公司数字化转型的难度。因此，试探简单的通过信息系统实施推动来倒逼管理优化提升的策略，对传统数字化转型来说是很艰难的路线策略。

本章要点总结

（1）数字化转型应从企业顶层进行思考和统筹规划。一方面要与企业战略保持一致，另一方面要与企业所有业务管理相关联。

（2）数字化转型有很多切入点，流程或许是最好的抓手，可以最大化的带动企业各管理要素的优化。

（3）数字化转型若在企业基本信息化（如ERP系统）基础上，能快速带动企业基础管理水平的提升。

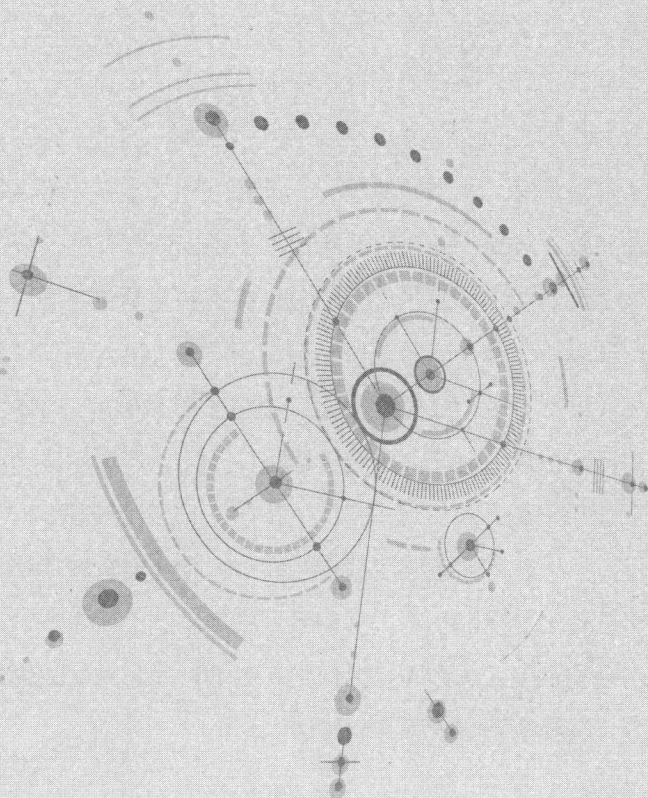

第四章

设计好
专业的转变

　　在数字化转型顶层思考与规划下，开展各业务领域相关的转型是一件非常专业的工作，需要从专业管理的角度去优化业务模式、业务流程与组织及其配套的支撑体系。无论是市场营销、生产制造、产品研发、供应链、财务资金、人力资源等，咨询顾问和关键客户都要掌握和了解相关行业实践、管理创新，以及新技术应用场景带来的改变。

　　在数字化转型中，容易忽略的关键点主要有两个方面：一方面是容易忽略专业领域中核心的管理目标与管理逻辑，陷入为了改变而改变盲目数字化转型的误区，或推崇最佳实践而忽略该专业工作本身应该追求的最终目标与效果。例如，市场营销板块，无论是学习华为公司的"铁三角"还是IBM公司的"销售过程管理"，都要始终围绕"多拿订单"这个目标。另一方面是忽略了各专业领域的企业经营管理基本逻辑。企业最终目标是为了经营利润，从商机到生产制造、从生产制造到资源支撑、从市场洞察到人员激励，如何更有效的协同起来达成更有效的企业经营成效，需要端到端的思考与拉通。

第一节　企业经营管理的基本逻辑

　　在企业价值链中，经营管理的基本逻辑通过各种端到端的流程呈现出来。产、供、销、储、运各环节组成的企业核心价值链，在端到端上，主要包括：从创意到市场（集成产品开发IDP）；从市场到线索（市场开发MTL）；从线索到回款（销售管理LTC）；从客户问题到解决（售后ITR）等。这些核心业务所涉及的管理思想、业务模式、流程组织，以及对应的行业最佳实践及其配套的应用系统，在管理咨询和信息化领域都有各类成熟方案。

在数字化转型的实践中，企业运营与管理的最基本的业务逻辑就是拿好单、做好事、算清账、分好利，这是对企业价值链的进一步抽象，如图4-1所示。

企业运营就是通过市场销售活动赢得目标客户的合同或订单，通过产

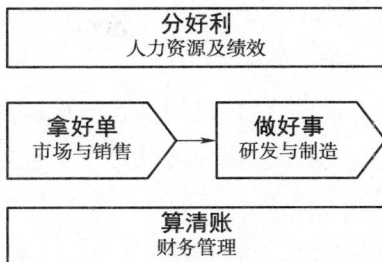

图4-1 企业经营管理的基本逻辑

品设计和生产制造后交付（完成订单）收到回款，形成价值链的闭环。获得合同订单、做好产品制造这个实物流背后是企业财务资金流的同步，而运营活动又依赖人来做。因此，通过分享利益来激励员工，又是企业价值链不断良性放大的关键。只有员工在合理有效的激励下，不断地赢得合同订单，不断地交付产品增值价值，企业才能真正地盈利与良性发展。

1. 拿好单

一个商机到项目合同，是否是好项目、健康项目，本身就基本决定了这个项目未来的结果。因此，在管理上，围绕市场与销售开展的一系列工作，就是围绕多出单、出好单的目标开展。这既包括战略层的"赛道"选择、细分市场选择、客户选择、产品/服务组合选择、市场定位、核心价值、关键技术护城河，也包括业务层面的客户分类与策略、商机漏斗管理、商机过程管理、商机风险管理，以及销售团队的组合和销售产品与服务的创新，还包括市场外部信息和企业内部信息对销售过程的赋能。从战略层、业务层、信息技术层，对市场与销售管理模式的转型与创新是企业从源头解决拿好单的基础。

2. 做好事

企业的运营是通过给客户提供有增值价值的产品和服务获得利润。好的合同拿下来没有干好，无论是产品不好、服务不到位，还是质量不达标，不仅赚不到钱，可能还会亏钱。以合同为主线牵动的供应链、生

产制造和质量管理等业务，是企业按合同挣钱的关键。

3. 算清账

企业经营的核心是赚取利润，现代化企业普遍追求成本精细化管理，而不是仅仅算总账。企业经营核算与成本分析既要到产品、到项目、到客户，还要到订单，这就要求企业业务财务一体化，将企业业务过程与财务资金发生整合为一体，使业务的结果自动反映与归集到财务科目上，让企业能在一定颗粒度上实时、动态、真实的管理到成本。

4. 分好利

随着"90后""00后"步入职场，员工对自我认知与发展有了更清晰的认识，已经不是传统意义上的打工人，他们更希望与企业共同成长，特别是知识型项目制的企业，核心资产是专业人员。维系专业人员并激励他们的产出，是整个企业经营的核心。再好的模式与体系流程，如果员工没有激情，基本上都是瞎扯。分好利就是要建立一个员工与股东利益平衡的激励机制，让每个核心人员都能分享到企业成功的增值成果。这其中的关键因素是算清账，如果账都不清晰，项目赚了亏了都是一笔糊涂账，那么就根本无法评价成果，更无法有效的激励，最终就是干多干少干好干坏一个样，还是躺平摸鱼舒服的局面。这就要求项目的成本精细化分解，并实现项目业务财务一体化。

第二节　拿好单——商机与回款

营销无疑是一个企业最重要的业务板块。从企业角度看销售的责任，无非是多签单、签好单、拿回钱三个方面。营销数字化是对销售进行赋能与管理，助力销售达成目标。数字化对销售赋能与管理本质就是用最少的资源和时间，签到最多最优质的订单合同。其在管理上就是两条主线：一是"油门"，二是"刹车"。"油门"是帮助销售多签单、快签单，达成销售业绩目标；"刹车"是帮助销售签好单，或帮助销售及时退出烂单、难单，避免资源浪费，把精力放在更靠谱的好单上。

踩"油门"助力销售多签单，从对销售人员赋能的角度，销售人员在营销的全过程中，纠结和需要支撑的关键问题在于以下方面。

（1）商机在哪里。公司要什么样的订单，这些订单在哪些潜在客户那里；这些目标客户在什么地区、什么行业、什么规模，要去拿到这样的订单，是用打猎模式，还是用养猪模式？

（2）如何稳步推进商机变成最终的订单合同。从商机到合同，如何有效地推进，可能不同的销售有不同的办法。优秀销售推进商机的过程如何变成企业能力，怎么定义本行业销售的关键成功要素，如何量化推进的过程，在推进中经理如何去指导和帮助销售人员把握好关键环节。

（3）资源什么时候到位。销售是需要产品等技术专家进行支撑的，往往销售总希望售前技术专家就跟着自己，但公司的资源有限，不是销售谁叫得厉害、谁关系好就跟谁，这要看商机。商机推进到什么阶段、呈现什么特征，需要什么样的技术专家出现。也就是说，如果销售一线呼唤"炮火"，"炮弹"是有限的，那么什么情况下需要"炮火"支援，而不是一叫就打。

（4）高层什么时候临门一脚助力成单。重大商机往往需要双方高层见面最终促成商机签单。销售往往希望领导先打前站，领导们成天被拉着到处跑，就是不见商机变合同。项目到什么阶段，具备什么特征，需要怎么样的临门一脚，这是高层的诉求。

踩"油门"是数据告诉销售，也告诉技术：商机在哪里，什么商机值得去追，客户是谁，客户的核心人员是什么情况，商机进展到什么程度，哪些关键销售动作已经完成，达成了什么效果。这些数据就标示着商机进入了某一个状态，后台的技术专家、领导，就可以按照约定的规则进行"炮火"支援了。

踩"刹车"是助力销售签好单。销售人员通常有赢单冲动，是要不顾一切地踩"油门"拿下订单合同而很少考虑订单合同质量，从企业销售管理的角度，应该帮助并指导销售人员在销售过程中不断的识别风险、保障公司利益，避免销售挖坑交付填坑，忙了一年没挣钱。特别是项目型企业，很多时候出生决定一切，项目合同没有签好，项目经理和团队累死，公司还得亏钱。因此，销售过程中随时踩"刹车"，也是非常关键的管理。

因此，公司要给销售明确什么是公司期望拿到的订单合同，包括合同的内容（能做什么、不能做什么）、利润（利润不能低于多少）、回款（确保健康的回款）、周期（合同不能是胡子工程）、商务条款等。另外，公司还要明确商机的风险，明确客户的资质与信用、账期、知识产权、不对等的罚则，以及商务条款等。

判断商机的好坏和风险，是商机演变成订单合同推进中一直要做的事情，从一开始接触到商机就应该判断风险，对风险进行管理和纠正，让商机越来越健康，而不要等到投标和签合同的时候才发现是个大坑，但不得不跳，甚至到合同签署后开始执行时才发现风险就更被动了。不断识别风险、纠正风险，传递和引导客户正确的交付价值，在无能为力的时候果断退出，都是商机推进中的踩"刹车"。

数据踩"刹车"是要数据告诉销售人员和公司，客户的风险在哪里、商机的风险在哪里，什么时候需要投入，什么时候不能投入，什么情况下放一放，什么情况下果断退出。例如，IBM数据赋能销售管道，加强销售整体成功的可预见性和销售过程管理的有效性，实现对未来商机的管理和预期，如图4-2所示。

从图4.2中可以看出，数据赋能销售全过程，既是全力推动商机变现的过程，也是不断审视风险纠正风险的过程。换句话说，就是要让整个过程的关键阶段、关键要素透明化，通过数据及其背后的规则来有效调动资源、纠正风险，从而形成健康的合同，或者及时退出。销售商机分析，如图4-3所示。

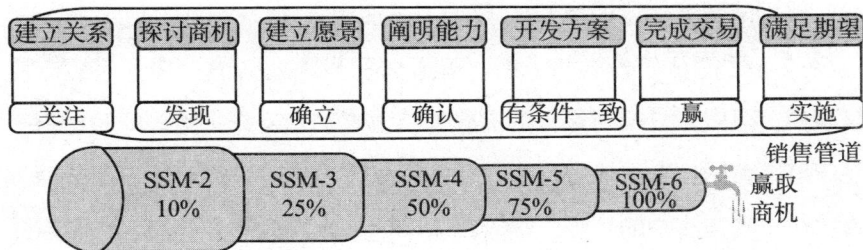

图4-2 IBM数据赋能销售管道

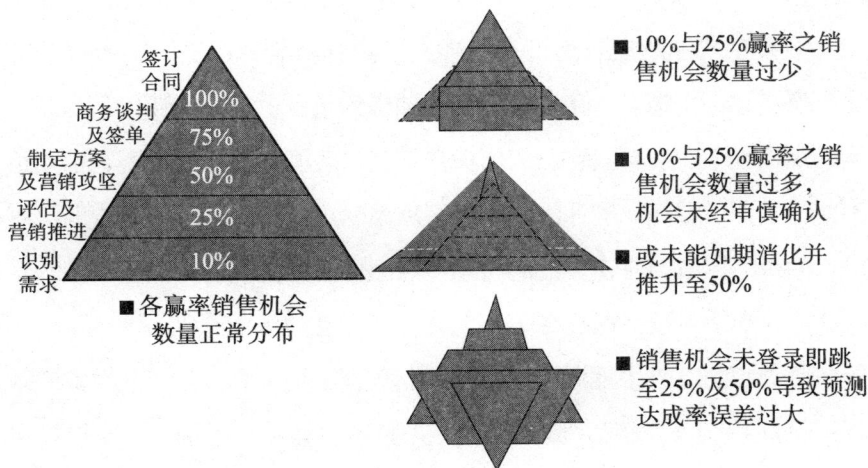

图4-3 销售商机分析

在销售管理上，让数据踩"油门"、踩"刹车"，需要建立客户选择策略，以及建立定期的回顾与指导、标准合同定义、定义商机合同风险及其应对策略等。在信息技术上，让数据踩"油门"、踩"刹车"，需要建立客户基本信息与信用信息，以及建立商机推进流程和关键成功要素检查识别点、风险定义与检查点，将检查点的内容与商机推进过程、资源调动（工作单）智能化的关联，通过数据来推动商机各环节的协同。此外，更要建立商机推动看板，将商机推进的过程显性化，从而能更好地让各方资源和炮火及时到位。

典型的数字化增值场景如下。

（1）智能客户分类与评级。基于公司战略业务设计中聚焦的市场与客户，可以建立相对量化的指标与模型来确定客户分类。同时，基于客户过往合同与交易情况，建立包括回款为主的客户风险评价评价模型来进一步确定客户的分级。结合基于不同的客户分类、分级，按照事前确定的差异化的销售策略和服务策略，推动相关的商机销售过程中的资源配置。

数字技术的赋能，体现在智能的客户分类与评级上，通过确定的分类模型和信用模型，量化指标基于动态的数据进行动态评价。当一个新的商机被注册后，其客户的历史数据进入模型后动态的刷新，自动给出客户的评价和商机的评级。基于客户策略，自动的匹配资源协助销售进行商机的推进，并在合适的时间节点上推动企业高层等关键资源的介入，加速销售过程并提高赢率。

（2）企业投标执照自动匹配。对于工程类企业，投标中各类资质（资质包括施工资质库、设计资质、人员资质等）管理是一项比较耗时的工作。企业日常资质管理，需要维护这些资质的信息，包括新增、更新、是否到期、是否借出等，在工程投标中，需要根据招标文件要求去匹配资质，确保满足投标要求，或尽可能得到高分。

数字技术可以有效帮助企业实现投标执照自动匹配，数据技术能快捷的计算出哪些有资质、哪些资质过期、哪些资质外借，什么时候归还，以及哪些资质是合作单位才有的，人员资质上哪些人员满足要求，哪些人员已经离职等。数据技术能快速按照招标文件进行资质的自动匹配，甚至计算资质的使用费用等。

（3）成本自动计算。服务型项目制企业与产品型企业不同，每一次销售都是一个不同的方案下的不同产品与服务的交付，成本与报价成为销售过程中的关键环节，甚至是赢单的关键要素。销售人员在交易前需要提交销售申请，填写相关产品型号数量，以及销售方式或置换信息等。若牵涉到服务，还需要方案负责人提出专业资源的人天时间，以及配套的资产与工具等。财务人员手工计算，预测整体的毛利率和盈亏情况，最终由公司审核是否同意该合同。这个过程测算模型差异大，数据难以收集统计，往往导致算不清，只能根据经验值和过往的同类合同金额进行估算。

数字技术通过整合产品在售前、售中和售后环节的费用成本数据，提供精准的产品毛利数据，整合方案中资源投入计划，提供资源成本测算。关键技术有两个方面：一是要有相对完整的成本测算模型，模型应该参数化可以配置，通过参数选择和调整以适应不同的产品与方案；二是要有完整的数据连接和数据积累，其后台的核心是财务业务一体化，能对业务发生过程中的成本进行有效的归集与统计，并且有一定的历史数据可以对比与参考。智能成本计算，应融入价格红线的相关规则，支持不同条件下测算结果的比对，并通过价格审批，提升赢单能力。

（4）自动CEO提醒。作为CEO（首席执行官），最关心的是销售整体情况，能否按照阶段达成年度的销售目标，而不是到了年底才获得惊喜。CEO也关心临门一脚的关键项目，也需要知道自己什么时候该出手了，而不是被会来事儿的销售拉着到处跑。

数字技术下的销售过程管理，通过销售数字看板，能全面、实时的展现销售的整体情况，各销售的机会从商机到合同的过程状态得以呈现，商机的成熟度得到合理的判断。CEO可以看到全年的销售订单情况，当下是商机不够，还是赢单率低，各片区是什么情况，哪些是重大商机，到哪个阶段，是否需要CEO亲自投入时间或资源去推动等，一目了然。基于此，如果是商机太少导致年度目标难以达成，CEO可以更有效地调动资源以支持市场活动，如果是关键商机赢单率不高，CEO可以进行判断并安排拜访计划等，提升线索商机的转化率。

【案例分析】某汽车零配件实施大客户评价与选择

某企业是整车一级供应商，在全国拥有13个汽车零部件工厂，同时为17家客户与超过60个车型提供零部件产品。该企业对大客户选择的规则做了尽可能的量化，在CRM（客户关系管理）系统中建立了数字化实时大客户选择评价与选择模块（模型）。模型包含的评价维度有品牌力、产品力、管理能力、市场发展力、研发能力、财务能力、供应链策略、高管评价与异动等，以及对本企业的利润贡献、过期账款、信用级别等。基于内部与外部（购买市场数据）的动态数据进入大客户选择模型，摆脱了传统一年一度通过打分式客户评估，将年度更新的客户选择与策略制定提升为月度、周度、实时评价，并与白点客户和商机评价结合起来，直接指导商机跟踪的策略和公司资源的投入。实时大客户选择评价与选择，帮助该企业聚焦了资源，有效地拓展了多个白点客户。

第三节　做好事——研发与制造

传统的研发都是基于IPD（集成产品开发）瀑布式研发，在互联网快速发展的今天，单一的瀑布式研发已经无法满足企业在激烈市场下的快速功能迭代，以及构建更轻、更快的研发模式是当前企业研发转型优化的重要方向。例如，汽车零配件企业有效地将快速发展的软件研发与硬件研发剥离，独立进行敏捷研发，并在整体流程中有机结合，满足硬件的集成及上线量产，极大地提高了生产效率。

企业对研发的管理，都可以基于IPD的核心思想：

（1）产品开发是投资行为；

（2）基于市场的创新；

（3）基于平台的异步开发模式和重用策略；

（4）技术开发与产品开发分离；

（5）跨部门协同；

（6）结构化的并行开发流程；

（7）产品线与能力线并重；

（8）职业化人才梯队建设。

在IPD的八个核心思想中，产品开发时投资行为和基于市场的创新是最关键的。在产品创新体系建设中，产品开发要围绕企业战略、业务设计中已经确定的"客户选择"和"价值主张"，并从"战略—市场—研发"端到端高阶流程框架贯通进行产品研发，确保以市场导向，实现预研一代、生产一代、销售一代的可持续性发展。

传统纯瀑布式研发软件领域的实践遇到了诸多问题，包括整体研发周期过长，参与方过多且效率低下，导致无法及时响应市场变化，错失市场机会，造成不必要的研发成本浪费。智能研发流程帮助客户在瀑布式研发环节中引入敏捷研发流程，将快速发展的业务与硬件研发业务剥离开发，再有机结合，有效提高整体的生产效率。

数字化为供应链赋能与改变，体现在三个方面，即通过感知、物联、智能，以提高供应链可视化和智能化，使供应链更好地面对客户需求与产品上市在数量和时间上的压力，以及成本与质量控制的压力。

（1）感知。引入传感器、制动器、RFID（射频识别）和感应设备来自动处理库存位置、货架补货检测、运输位置和瓶颈，支持从POS（多功能终端）、制造到原材料的实时数据收集和透明度。

（2）物联。基于数字标准化和流程规范的前提下，在企业内部实现ERP、SRM、SCM（企业资源计划、供应链管理、客户关系管理）等系统的整合与集成，在企业与供应商之间进行穿透贯通，实现库存信息、在途信息的透明。

（3）智能。通过网络化规划和各类模拟模型来支持执行过程中的瓶颈预警和辅助决策，实现对供应链成本、时间、质量、服务、碳排放等关键管理要素的过程管理、风险预判、决策优化。

应运而生的供应链控制塔（SCCT）成为供应链可视化和智能化的重要工具平台。供应链控制塔是利用物联网和认知洞察，实现数据实时可见和实时监控预警，对供应链全链路流程中实际发生的事件全面呈现，并可预测未来事件发生的概率，进行未来一段时间（如一周）的场景模拟。例如，从供应商、工厂、仓库、渠道到门店，把控原材料、订单、库存、产能、物流信息；从整体企业角度高效合理的调配供应链各方。

典型的数字化增值场景如下：

（1）物流路径智能优化。物流往往是企业供应链环节的难点与价值洼地。从客户角度，要及时满足到货的时间要求；从企业角度，要提高运输效率降低运输成本。如何有效的规划仓储物流网络，实现精准可视的库存与配送管理，成为数字技术赋能供应链，以及挖掘供应链价值洼地的关键。

物流路径智能优化是基于整合高效的仓储物流网络规划，通过智能互联的仓储信息技术，实现精准可视的库存处于什么状况、仓储的位置、配送路径、路线条件、天气情况，以及不同的运输工具时间与费用成本等。通过智能互联的物流路径智能优化实时分析，帮助企业实现仓储标准化，以及自动化管理。基于客户时限要求、天气情况、运输成本等要素，动态调整参数，实现约束条件下的综合运输时效的提升和运输成本降低。

（2）需求与寻源自动化。供应链采购拿到采购需求后，一方面，经过汇总再基于采购物料进行供应商寻源，这是一个典型的采购流程。在这个流程中，对需求适度的预判预测、品类的归集，以更好地获得战略采购的优惠，以及适度的提前采购，这对采购经理是一个挑战。另一方面，基于采购物料匹配合适的供应商，通过供应商的选择，获得最大的采购成本优势，同时又控制交货时间、物料质量等风险，这也是采购经理要面对的挑战。

数字技术为采购经理赋能并规避廉政风险。通过智能化预测工具辅助需求预测，自动整合多源头需求合并，并将产品品类标准化并分类。基于需求分类与既定的采办策略规则，自动识别并建议采办方式。在供应商管理与评价的数据支持下，可以设定价格优先、配送时间优先、质量优先、账期优化等约束条件。然后系统智能推荐品类采购策略，自动匹配最佳的供应商，并发出询价单或采购单。一方面，大幅度提升采购寻源的效率，另一方面，也为采购对供应商选择做了背书，降低采购中的廉政风险。

（3）供应商智能化在线评价与推荐。企业供应链管理中，一年一度的供应商评价，主观的判断多，客观的判断少，加之评价的及时性不够，这在一定程度上仍然会加大采购的风险。

数字技术基于供应商全生命周期管理，自动抓取供应商交易数据并生成多维度供应商绩效用于供应商考评及后续风险预警。平台下单后ERP自动生成采购订单并匹配框架合同，采购执行过程中联动外部环境信息、供应商信息、内部财务信息等，实现各关键节点可视化。基于供应过程的实时数据信息分析，预测供应商绩效趋势，监控潜在的供应风险，动态判断供应商服务水平，对应调整与供应商合作的策略，提升采购交付效率与质量。

【案例分析】供应链转型助力海外拓展

一家集工业制造、国际贸易、实业投资、供应链服务为一体的跨国综合性产业集团，在业务快速发展过程中，急需提升管理能力，升级全球供应链，实施工厂运营标准化。

2019年开始，集团深化和完善全球供应链体系，实现一体化、高效率、低成本、高品质的运营，并通过信息化平台建立智慧、弹性、灵活的供应链。在采购领域，通过战略寻源的方法，以及多维度模型分析，对试点品类管理进行全球供应资源布局优化，确保在新冠疫情期间的持续供应，有效控制风险；建立全成本分析模型，识别试点品类的成本优化机会，有效降低成本。同时，在供应链中心查询业务流程中运用自动化机器人，代替原来需要人力去完成的工作，使此项工作效率提升了9倍，同时准确度高达100%。自动化机器人的引入不仅可以为避免由于人员流动造成的知识转移成本，而且还最大化避免了由于人为输入错误造成的纠错成本。此外集团进一步优化和完善供应链和财务体系，实现供应链从采购、生产、仓储、运输等各个环节的数据可见、数据互联。让供应链整体看得见，满足精细化管理需求，从而为业务提升和经营策略优化提供支撑。

【案例分析】技术支撑企业安全生产

某煤炭企业为确保生产安全，建立了动态多参量微震预警平台。平台整合了煤炭挖掘进尺、上覆岩层、断层、微震等四大类关键数据，确定了120多个特征数据，定义了65个特征进行模型自学习训练，预测模型准确率达到82.61%。挖掘进尺将每天的生产计划和实际进度中的掘进速度、运输进尺、轨顺进尺等数据接入系统；上覆岩层收集煤层最近的坚硬岩层厚度和距离上侏罗统底界的距离等；断层整合了最近断层距、最大落差、周边断层数量、采集面与最近断层距离等数据；微震整合了最近五日微震总次数、总能力、详细位置等数据。四大类数据经过微震预测模型，实时预测微震等级并预警，平台通过菜单导航、矿区工作面布局地图的形式展示煤矿正在回采的工作面的微震能量预测情况，提示对高等级微震进一步分析和监控，以表格的形式给出历史微震事件列表，并提供微震能级降低的建议方案，传递到现场缓解微震风险。

【案例分析】供应商自动评价与采购推荐

某制造企业建立了供应商自动评价与采购推荐系统，自动抓取供应商动态数据，并根据平均订单合格率、质量合格率、退货率、准时交货率、采购订单及时响应率、发货计划准确率等6个维度关键指标的评价体系，测算生成供应商绩效，分析并揭示供应商的短板，提出推荐的改进要求。该企业通过对727个项目260个供应商的供货过程进行监控，自动判断潜在风险并进行主动预警，共发现存在风险的供应商13家，使得相关人员进行早期干预。以此为基础，对于绩效领先的供应商，在采购需求匹配下，系统根据采购要求自动匹配和推荐供应商。

第四节　算清账——业务与财务

企业的财务管理是一个非常规范的管理体系，在数字化转型中，对业务管理本身的优化空间是非常有限的。财务系统的数字化转型，通常围绕数字技术，特别是ERP系统，带动业（务）财（务）一体化开展，实现业务与财务数据流的衔接与闭环。通过业务运营流程、经营管理流程、财务会计流程的有效衔接，使财务及时全面准确地反映业务的情况，并通过财务数据的分析帮助企业经营管理更加高效与科学。

实现业财一体化，首先，要建立完整的财务数字化平台，并与业务管理系统进行有效的集成。在一个管理平台统筹搭建核心财务管理模块，实现司库、报表合并、财务预算、产权、税务、风险等功能的无缝集成，达成数据的深度穿透功能。强化核心数据的集中管控，实现财务信息的闭环管理是业财一体化的基础。这要求企业统一财务系统底层架构，规范数据和流程体系。横向要整合各财务系统、连接各业务系统，纵向要贯通各子企业，实现企业财务体系与业务体系的连接。

其次，要建立健全财务数据产生、采集、清洗、整合、分析和应用的全生命周期治理体系，完善数据标准、规则、组织、技术、模型，加强数据源端治理，提升数据质量，维护数据资产，激活数据价值。业财信息全面对接和整合依赖数据体系的统一，发挥财务作为天然数据中心的优势，构建因果关系的数据结构，对生产、经营和投资活动全景化、全程化、实时化反映。

最后，在应用与数据具备的情况，要建立以财务数据为核心支撑的决策支持系统，通过财务数据挖掘业务动因，指引业务方向，发挥决策引领推进。特别是对企业经营成本、利润、风险等进行分析，才能更好地指导与管控企业运营。这需要有覆盖业务管控场景、业务条线、产品、市场、项目等多维度指标分析体系，并根据企业运营阶段和需要，选定重点指标进行分析、改进闭环管理。这个过程需要梳理企业从总部到二级单位再到业务实体的管理与决策分析需求，包括各级共性的财务分析主题、分析指标、分析维度，以及统一的数据规范、权限管控策略、模型体系等，建立多维决策分析的财务化视界，以实现经营决策由经验主导向数据和模型驱动转变。

典型的分析场景如下：

（1）综合绩效分析场景；

（2）经营效益分析场景；

（3）投资回报分析场景；

（4）风险合规分析场景；

（5）资产质量分析场景；

（6）现金流量分析场景。

【案例分析】电子制造厂商的业务财务一体化

某全球领先的电子制造厂商，原先的供需计划周期对于现有的业务来说太长，而且主要靠手工编制Excel，信息无法快速进行多版本模拟测算，也无法依据市场状况进行快速更新。企业通过建立业财一体化平台将企业计划、预测等环节打通，在同一个平台上协作沟通，提供模拟测算能力，从而提高了企业的应变能力，实现企业战略、运营和财务的联动，并通过全链条的可视性有效降低了成本。同时，多场景、多版本的模拟也为供应等发生变化的实时场景模拟和分析提供了决策支持。实现了信息可视性、及时性与一致性，减少了库存与呆滞料，改善了现金流管理，企业对市场状况的反应和预测也更快速、更准确。

第五节 分好利——激励与发展

"赛道""赛车""赛手"是企业战略目标达成的三个关键要素，如果企业的经营成果不能激励到"赛手",或"赛手"在企业中找不到价值体现,找不到成长与发展空间,那么企业就很难留住人才。

随着"90后"在职场逐步成为主力,"00后"也逐步进入职场,新生代对职业的选择、评价、发展,有了新的认知,已经逐步从传统的好好工作挣钱养家,更多的转变为体现价值实现自我。新生代对传统的职级阶梯不那么感兴趣,特别是在大型国企、央企,他们已经等不及论资排辈的职业升级,希望能更充分的掌握主动、释放价值,并得到更多的认可。因此,按照传统的职级、职称来体现个体能力的差异,并成为个人被认可、被激励的模式显示"太慢了",新生代没有太多耐心去等。从企业用人来看,员工能力更清晰的量化、更明确的标注,已然成为企业有效选人、用人的关键。从员工个体来看,能力进步的彰显与及时的激励,是满足自身成就感以及激励不断成长的动力。如果能在不打破传统职级、职称体系的情况下,将员工的个体贡献"量化",个体能力"显性化",个体激励"及时化",职业通道"微粒化",能更好激发新生代员工的积极性,也为企业识人、用人打下更好的基础。

(1)个体贡献"量化"。将员工在企业中所做的工作、贡献,尽可能地量化出来,这也体现其在一个职级上能力的差异和贡献的差别。在某项目型公司方案中,我提出将企业项目按照"难""险""重""大"进行量化,并以奖章的形式体现个人的贡献和在项目中磨炼的经验与能力。项目与激励关联的具体内容,如图4-4所示。

(2)个体能力"显性化"。个体在工作中获得专业培训、证书,也是个体能力的进步与差异的体现,一定程度的量化显现,可以让企业看到员工的能力、让员工个体有成就感,这是对新生代员工能力认可和褒奖的有效手段。IBM公司也是采用了"能力徽章"的方式来显性员工能力,并将其放在员工的个人主页上,在企业内网上可以查询到这个员工的能力情况，这是对其能力的彰显与认可。

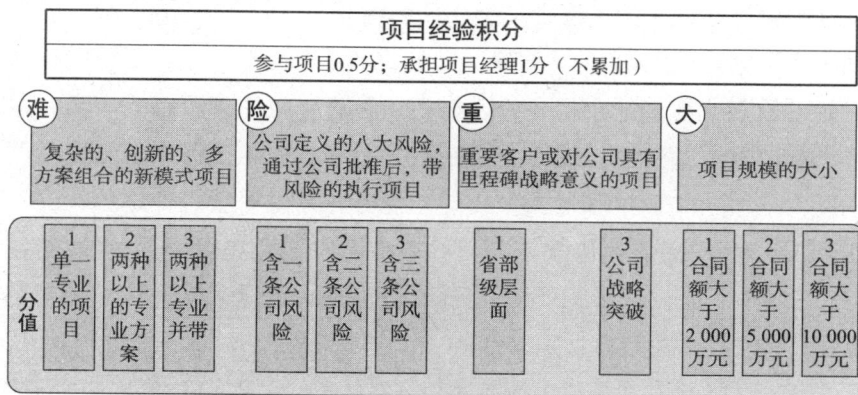

项目经验积分
参与项目0.5分；承担项目经理1分（不累加）

难	险	重	大
复杂的、创新的、多方案组合的新模式项目	公司定义的八大风险，通过公司批准后，带风险的执行项目	重要客户或对公司具有里程碑战略意义的项目	项目规模的大小

分值	1 单一专业的项目	2 两种以上的专业方案	3 两种以上专业并带	1 含一条公司风险	2 含二条公司风险	3 含三条公司风险	1 省部级层面	3 公司战略突破	1 合同额大于2 000万元	2 合同额大于5 000万元	3 合同额大于10 000万元

图4-4　项目与激励关联

（3）个体激励"及时化"。对员工的激励，首先是物质激励，华为的成功，高薪与股票应该是起到了很大作用。其次是重视激励的及时性和多样化，这里主要谈精神层面上的激励。新生代员工非常在意被认可、被鼓励，而且这个认可与鼓励是及时的。新生代员工对"有了进步你就及时多夸夸我！"的诉求，甚至比年底奖金更渴望。因此，对每个项目的总结和及时褒奖，将奖章及时贴上去，是非常有效的手段。另外，激励多样化和辐射面要从个体辐射到他们的朋友、家人，这样荣誉感会更强。例如，奖励夫妻旅游、总经理与员工家人晚宴、给父母发红包、给子女额外保险等，都是将荣誉与激励从员工个体辐射到家庭的有效手段。IBM公司给经理一定额度的积分和现金额度，对于有突出贡献的团队成员，可以随时发感谢信和一定的积分（IBM的积分是可以换取商城礼物的），以此来肯定和激励员工。这种方式无论是对新生代员工还是老员工，其实都是非常温馨的。

（4）职业通道"微粒化"。通过对个体贡献"量化"、个体能力"显性化"，结合个体激励的"及时化"从而为个体职业通道发展做好量化基础。首先，在相同的职级上，个体经验积累、能力差异都能明确看到。例如，项目制公司要在某职级中找一个"有2个大项目经验且有注册会计师证书的工程师来担任项目经理"，就相对容易。其次，在同一个工程师级别中有3个候选人，选择其中一位升职主任工程师，就比较容易对比谁管的项目更大、更多、更难，以体现经验的丰富，以及谁在财务、管理、投资等方面获得更多的专业培训以体现其复合型的能力。第三，通过项目贡献和能力提升，在同一级别中逐步建立了更小的刻度，并能指导员工按照企业希望的刻度去积极踊跃地参与"难""险""重""大"的项目，更加有方向的加强自我学习与培训，使新生代的个体发展与企业需求保持一致性和积极性。

其实，这与幼儿园给小朋友评小红花是一个逻辑！职场上，不可能人人当领导，个个做高管，但每个人都是与众不同的个体，每个个体内心都是希望被关注、被认可。

典型数字化场景是销售提成计算器。最简单、最直接的激励，莫过于提成奖金。从企业来看，首先要把奖金发给真正有价值贡献的销售人员，这个价值贡献包括签单、供货与服务期间的协调，以及最后的收款。其次是销售最终价值的体现。这一方面不能简单地为了销售而贱卖，另一个方面不能只卖而不回款，或不按期回款。因此，通常的企业销售激励，会考虑区域与客户的成熟度、销售规模、利润率、回款及时性等多个要素来建立科学合理的销售提成方案。而销售人员最在意的是按照销售提成方案及时兑现。这个过程中，往往由于规则不清晰，特别是利润率难以准确计算，导致无法及时兑现。公司花了钱，但激励效果没有达到。

销售提成计算器是通过数字技术，将公司销售规则固化为一个简易App上，对销售人员每个跟踪的商机，从发现到合同签署到回款的全过程，动态计算出奖金的额度，让销售人员能清楚知道只要合同签署、利润满足要求、及时回款，就知道能在什么时候拿到"自己的钱"。反之，如果利润低于多少、回款延期多久，那么"自己的钱"就会越来越少。人性中对自己的东西是最珍爱，并全力维护。销售提成计算机是一个"榜单",也是一个"账号",将销售人员按照企业销售规则可以显性地计算出来。将其挂在"榜单"和"账号"上,在心里暗示"这钱是你的",就更容易激励销售人员全力以赴把自己的东西拿回来。

【案例分析】互联网下模式创新

近年来,保险行业充分认识到服务正在从价值链向生态体系转变,通过加大、加快科技投入,建立新的生态圈。

平安保险通过建立经营管理的全面线上化搭建完整的数据生态体系,打造C端平安好车主App,以车主服务为基础,通过整合产业链资源,围绕车主需求搭建涵盖车保险、车服务、车生活的一站式服务平台,实现了车主服务生态圈线上线下联动。

太平洋保险已上线车主一站式综合性汽车服务开放平台"车生活",旨在破解客户与公司接触频次低的难题,整合汽车后市场各类市场资源,上线包括车主在用车过程中的加油、道路救援、新车购买、二手车交易等服务,为车主客户提供一站式用车服务。

中国人保采取线上化平台化运营整合模式,通过系统对接最终完成救援、维修、保养、洗车、年检代办等车主生活服务在线触面整合展现。客户可以使用App、微信等享受到一站式、全流程、透明化的服务体验。内部管理上,可通过平台制定业务分配规则、统一服务标准,将各方利益透明化,实现对服务商的有效把控。通过各类资源整合,形成以规模化、集约化效应,增加企业在汽车后市场的话语权。

中国人保线上车生活,将人保车主旅程分为购车、保险、加油停车、安全、洗美、保养、救援、修车、二手车九段旅程,依托中国人保App打通串联各项服务,实现对车主用车全生命周期实现全覆盖。救援平台包括道路救援平台、损余管理+车置换平台、维修和配件平台、用车养车服务平台等,将人保车主通过车辆保险这一个点,撬动了车主用车旅程的几乎所有需求,通过数字技术延伸了企业服务。

(1)道路救援平台。通过建设统一救援平台,快速整合内外部救援资源,构建市场先进的抢单派单、费用直付、快速结算等服务模式,以规模化、集约化运营降低服务成本,提升运营效率,打造集团救援服务核心竞争力，为客户提供一站式和一致性的救援服务体验。

（2）损余管理＋车置换平台。通过建设损余管理＋车置换平台，提升客户服务质量与效率，提高客户满意度和忠诚度，降低车险理赔成本。在重大事故车领域，通过智能数字化模型＋快速询残平台＋车辆前置保全＋全损车拍卖平台＋新车置换平台，打造损余管理平台，将数字化管控嵌入系统流程中，提升重大事故车车辆发起询残的数量，提高询残减损的工作效率。将线上一次询价二次拍卖与线下车辆保全一体化运营，提升推定全损车辆的拍卖价格。通过实现全损车辆的处置＋新车置换为车主提供全新的服务体验，增强客户黏性，提升车险业务留存率。在非事故领域，为车主提供二手车价值评估及售卖服务，提升车主用户体验。

（3）维修和配件平台。通过建设维修和配件平台，提升车险理赔定价能力，扩大降赔减损效果，并为车主提供透明、可信、优质的配件采购和车辆维修体验，实现车主、人保、产业相关方多方共赢。

（4）用车养车服务平台。通过建设用车养车服务平台，整合内外部的服务资源，构建丰富的市场先进的车生活服务品类，为客户提供一站式和标准化的用车养车服务体验，让客户少跑路，让服务多跑路，提升客户黏性与忠诚度，提升续保率，降低客户流失率。

第六节　数字化时代的平台型组织

首先，这里的平台型组织，不是指企业在行业或产业中平台的含义，而是指企业内围绕项目或围绕一个阶段性工作目标而建立起来的团队及其工作方式。这里的组织是团队，而不是机构，更不是企业。

项目制企业谈及项目管理，一定是希望项目全生命周期贯通。通常企业在项目全过程中，传统的项目制企业，按照项目全生命周期价值链的主要环节或专业来形成企业组织架构。由于销售环节、项目管理环节、运维管理环节的目标不一致，导致后续环节认为前序环节"挖了坑"，例如，项目经理认为销售经理为了签单不顾工程难度和利润；运维经理认为施工经理为了降低成本在基础工程和材料上降低标准。移交后就开始维修更换，也是由于项目全过程的脱节导致企业整体项目风险难控、利润难保。企业回归到商业本质上，就是要追求项目全生命周期整体经营效益最大化，制约的关键瓶颈是组织间的目标不统一、协调难度大。同时，由于项目制企业不断开发新项目，导致管理人才资源不足，工程现场条件相对总部机关艰苦，基层活力难以充分调动起来。这些都是直接制约项目制企业项目效益提升的因素。

平台型项目组织是一种创新的项目组织形式，与传统按照项目全生命周期价值链的主要环节或专业来形成企业组织架构不同。平台型项目组织按照项目全生命周期整体来形成项目团队，主要有如下特点：

（1）组织形式中心化。平台型项目的定义是端到端的，项目团队的组织以客户的目标为中心，项目范围从传统合同签署后的实施团队，延伸到从商机到收款再到运营的完整过程。以客户为中心，围绕发现客户商机与需求，到最终交付所有的成果（包括运维）的整个过程所涉及的工作形成项目团队。传统组织中销售、项目（八大员）、运维人员等组成项目团队这样的虚拟组织，项目总经理（PGM）负责从商机到收款再到运营的完整过程，项目上的所有人员就本项目向PGM汇报，直接受PGM的管理。因此，管理更扁平，沟通效率更高。

平台型项目组织，如图4-5所示。

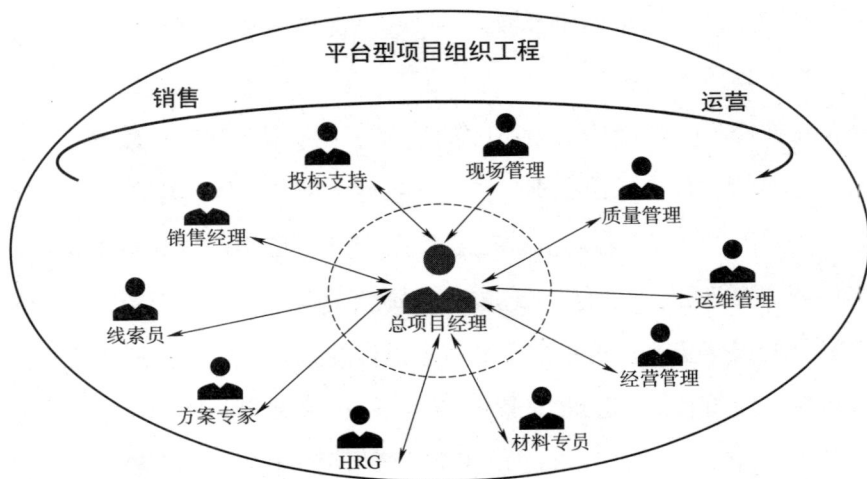

图4-5　平台型项目组织

（2）工作任务角色化。按照项目全生命周期的业务特征和专业特征划分承担项目全生命周期的角色，个体可以基于自身专业能力灵活参与项目。基于项目全生命周期各环节活动的业务特征和专业特征划分角色，而不是固定的岗位。细化角色，更好的体现专业分工，让不同专业能力的个体参与到项目中，发挥个体能力。

基于个体能力与项目的时间情况灵活参与项目，一人可以承担一个项目的多个角色，施工现场经理也可以销售项目；一人可以承担多个项目的同一角色，技能单一，就在多个项目上专注一事；一人可以承担多个项目的多个角色，点线结合，人尽其用。

项目工作任务角色化，按照角色对应人员，而不是传统的岗位职位，具有更大的灵活性，能灵活发挥个体的专业能力，也能充分调动、复用公司的资源。

（3）业务流程数据化。项目团队整个项目全过程的运作是基于数据驱动。销售发现商机，将商机的关键状态记入系统。系统按照商机的成熟度模型对数据进行判断，在成熟度满足条件后，驱动对设计、工程、报价等环节的工作。系统匹配推荐的资源担任相应角色，获得审批后锁定资源分配任务。相应角色按照商机中客户的信息、商机项目的信息进行方案设计、投资预算、成本分析，逐步形成方案与报价，系统提示商务条款的风险敦促销售人员解决。随着项目赢率的不断上升，财务资金准备、供应链材料准备。合同按照审批环节流转，合同关键内容形成项目工作模板，项目经理调整项目总体计划后分发。项目计划推动各项任务完成，现场质量信息在后台进行监控，施工报量与后台BIM量进行比对揭示风险，工程验评后自动驱动发票、收款。

（4）运作激励市场化。平台型项目组织中人员选择原则，按照主动（自主、双向、竞争）和被动（公司指派）两种方式。企业根据项目类型和规模确定PGM、销售主导者、实施主导者的资格要求并确定核心人员，再由核心人员招募团队成员。通过多角色的平台型项目管理模式，激发每个角色的活力，让团队每个成员在共同的利益分享激励机制自主协同与自我管理。按照项目工作任务、各角色的专业复杂程度、工作难度、承担压力风险、业务价值等设定贡献比例，所有角色承担者以项目向公司承诺的最终超额利润的分享为激励目标。运作激励市场化实现个体、团队、企业在统一目标（项目超额利润）下的共赢。

平台型项目组织的人员分工，如图4-6所示。

平台型项目组织方式的特点是，前方一线以项目总经理为核心推进项目的全过程，后台采购、财务、人力等赋能部门为每个平台型组织确定一位专员对口支持项目。业务流程数据化的作用是确保后台风险、合规、质量等监管部门能在线监控业务全过程，及时帮助一线解决问题与风险，真正实现一线直接呼唤"炮火"。

平台型项目组织方式能更加有效的、快速的响应客户需求，同时能最大限度的利用企业的资源，并让个体因为能分享到企业经营利润后迸发出的工作激情。在平台型项目组织中，基于共同目标下，协同与管理变得更简单。

平台型项目组织方式不是简单地将项目全生命周期工作与责任下放

前期销售　　线索　　方案支持　　方案　　投标　　合同　　签署合同　　融资　　项目建设　　建设　　运维/营　　后续商机……线索

总项目经理PGM
角色任务：负责把控资源从线索到交付的全生命周期的资源匹配和关键节点的把控，对整个项目总体负责（根据项目规模、难度，选择不同职位与经验的人员担任，可能是销售经理、工程部经理、工程副总、区域总部经理、区域销售副总、集团销售副总、工程副总等）

线索提供人（可选）
角色任务：提供线索信息，及关键联系人信息

销售主导人
角色任务：负责从前期线索到销售签单全过程的协调资源、情控把握，关键节点把控，主要复杂任务处理阶段的客情关系处理和方案引导

方案支撑者
角色任务：承担方案的具体编制，主要是业务中心人员、绘或设计师院图等专业

投标支持人
角色任务：投标过程的事务性工作，包括标书制作等

投融资支持人（可选）
角色任务：投融资的测算、选择、谈判、签署等全过程

工程主导人
角色任务：负责按照合同进行交付全过程关键节点的把控，这个角色是传统的项目实施经理

| 安全员 | 质检员 | 资料员 | 材料员 | 施工员 | …… |

运营管理者
角色任务：按照合同约定、接受移交并进行运营整体管理

运维服务者
负责日常运维与服务

客情维系者
角色任务：维护客情关系，对接客户高层，听取客户反馈，维护客户满意度，收款等

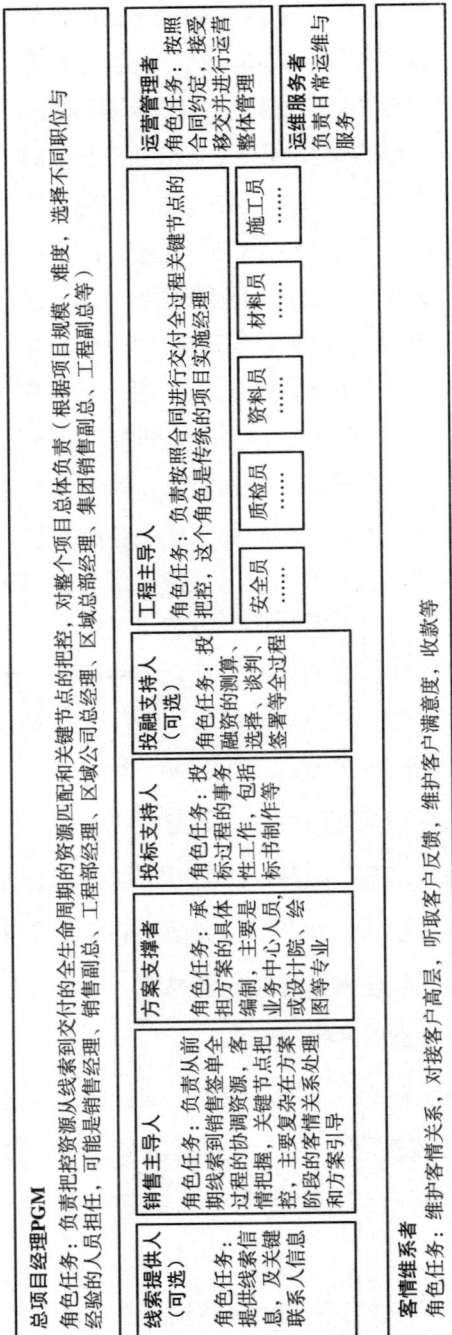

图4-6　平台型项目组织的人员分工

到项目团队，为了赋能一线团队并监管风险，反而要求企业内部管理更加精细、科学、高效。例如，合理的人员能力与资格资质评价、科学的财务成本实时归集与更加精细的分摊、企业总部与项目部的责权划分、绩效分配机制的合理性和及时性、项目资源进入与退出的规则。此外，合同风险机制、质量管理、成本管理、材料管理等方面的流程制度需要进一步优化和尽可能简化。

平台型项目组织有更多、更大、更灵活的权限与管理幅度，形成对资源调度的垄断，其工作分配、利益分配需要更明确的红线进行管理，也需要在人员选择、分包管理、材料管理等方面，设计防腐机制，并通过数据平台进行问题隐患预警。最后，信息系统成为对平台型项目组织管理的关键支撑。其流程的贯通、架构的柔性，以及各类角色的授权和信息赋能、资源的共享、信息在移动端的实时呈现，都是平台型项目组织的必要保障。

本章要点总结

（1）数字化转型是企业变得更好的手段。企业运营最基本的业务逻辑是"拿好单""做好活""算清账""分好利"，数字技术必须有助于企业运营的基本逻辑。

（2）数字化转型在企业各管理领域都有非常好的实践，特别是一些利用信息数据实现更大业务价值的典型场景，值得关注与借鉴。

（3）在数字化时代，员工个体追求更大的成就感已经与传统企业文化中要求员工"做好螺丝钉"完全不同了，如何将"工作微型化、成就显性化"，从而更好地激励员工，成为现代企业必须利用数字技术来面对的重要课题。

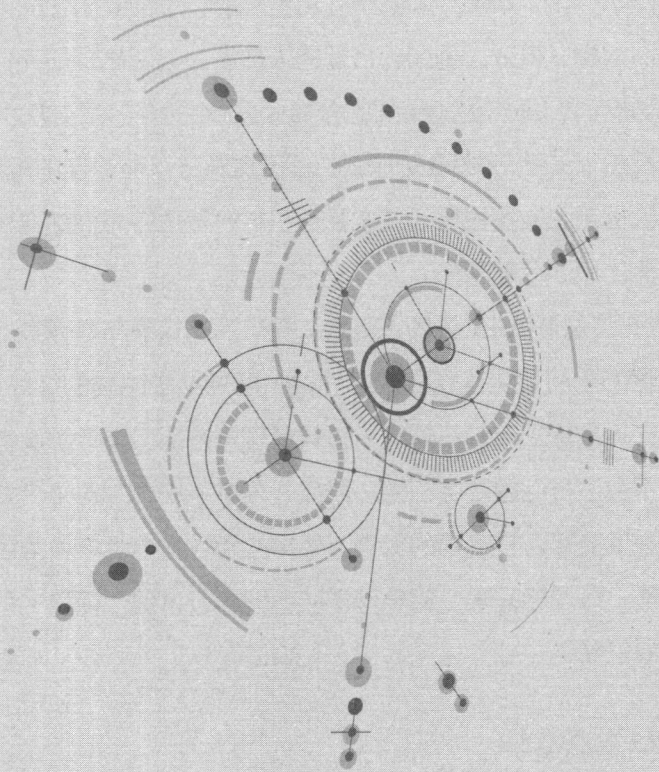

第五章

落下去
艰难的过程

数字化转型落地是企业转型变革的"最后一公里"。数字化转型中面临的挑战不仅是在方向上或方案上，更多是在执行中呈现出"转不动"的情况。数字化转型是企业自己的事情，如果说设计阶段还可以借助外部咨询公司等外力帮助思考和设计，那么设计成果落地则是企业自己要去推动的事情，就像战略达成的"赛道""赛车""赛手"的关系，外部咨询公司是通过一个项目在一定时期可以助力"赛车"，能不能顺利到达终点，需要提升"赛手"对"车辆结构和性能的熟悉"和"自身的体验要求"，这是外部咨询公司无法代替的。因此，在数字化转型中，特别强调企业核心骨干成员的选拔、培训，并参与数字化转型的全过程。他们是数字化转型方案的共创者、是企业变革的星星之火。也就是说，企业高层全身心投入和内部专职业务骨干充分发挥作用是数字化转型不可或缺的关键因素，因为他们是企业数字化转型后驾驶"赛车"的"赛手"。

第一节　数字化转型落地的三类挑战

数字化转型的"最后一公里"，一方面是企业业务管理需要按照数字化转型设计方案实施，该调组织的调组织，该换人员的换人员，该改流程的改流程，配套的制度、规则、考核与激励方式也要同步更新，信息系统要招标实施厂商来进行更新，整个过程中发生的异常情况需要按照数字化转型设计的总体思路来平衡与调整：是试点先行还是一步推广到位；是老人老办法、新人新办法还是一刀切。因此，数字化转型通常是咨询项目结束，也仅仅意味着数字化转型实施真正的开始。这个时候，是真正依赖企业自身去推动，咨询公司能够做的其实比较少了。

　　组织架构、岗位与人员的调整，需要企业人力资源部根据内部人员的情况拿出具体方案，并进行调整。组织岗位与人员的变动需要考虑和平衡的内容很多，谁合适，谁放心，这都是企业自己需要判断的。新的流程是否顺畅，员工是否理解，执行中有无问题，其他相关部门配套的条件是否具备，这些都是需要判断和补充进行设计的。

　　组织与流程调整后，很大程度上原有的考核办法也不适用了，是在原有基础上修改微调，还是进行重新设计。奖金的系数是否合适，奖金的比例是否需要调整，整体上的激励花销在企业薪酬与利润上占比是否合适，这些都是需要重新测算的。

　　信息系统要实施，实施后与信息化总体规划是否一致。信息系统产品如何选型，选成熟套装软件还是自主开发，与企业其他系统的关联关系如何确定，什么样的实施商性价比合适，数字化转型设计成果如何向实施商转移避免做成"两张皮"，这些都需要信息部门需要考虑与细化。

　　如果说数字化转型规划与设计是"牵一发"，那么数字化转型落地推进过程就是"动全身"。在数字化转型落地方面，咨询公司等外部助力能够做的其实比较少了。咨询公司可以有少量的资深顾问"教练式陪跑"，来帮助指导数字化转型过程中的整体工作统筹、关键问题解决和参考方案提供，但整个过程需要全企业相关的业务部门、人力资源部门、信息部门等具体推动。正是由于数字化转型落地的复杂性，很多企业在数字化转型设计后，由于没有有效的推进机制，往往数字化转型设计成果汇报后就挂在墙上，或在转型过程中触及个体的利益和工作习惯，就有很多阻碍的声音出现。例如，方案不落地、与实际情况不符合、部门的情况比较特殊、目前这个方案推行不具备条件等。如果企业高层没有坚定的决心，没有有效的组织和推动方法，这时候往往也就让数字化转型半途而废了。

　　数字化转型难以推动的挑战主要出现在以下三个方面：

　　（1）方案层面。方案层面上的问题，首先是不够细化，方案过于高大上。要么缺乏对业务过程、业务细节的具体做法进行设计；要么对方案需要条件缺乏阐述，包括配套的人员调整、配套的流程变化、配套的政策资源、配套的工具平台等。其次是不够贴近企业的具体情况，没有分析方案形成的背景、方案与企业当前战略、一定时期的发展要求、行业变化趋势和政策趋势、企业的历史积累与沉淀、企业内外的约束条件等。缺乏分析与推导过程，直接套用和引用最佳实践。方案中对解决业务问题、激发业务价值不清晰，为了数字化转型而转型，为了学习最佳而改变，对于业务价值、管理效率，缺乏思考、分析和判断。还有就是数字化带来的赋能不明显，数字化转型方案导致的管理更复杂、管控更多、流程更长，数字化转型变成做"加法"多、做"减法"少。方案中要求上系统固化管理，带来企业基层更多的录入工作量，数据无法共享、数据分析使基层工作减负少，导致数字化转型越转越重，越转越转不动。

　　（2）业务层面。数字化转型往往是从企业中一个或两个业务板块的转变开始，但不意味着仅仅是这一两个部门的事情，而是牵涉企业的各部门、各团队。因此，在数字化转型规划策划、方案设计、落地实施的各环节，一方面要与当前转型的专业部门管理层和核心骨干层充分沟通达成共识，而且要有计划地与企业其他部门领导和骨干进行方案介绍、征求意见、沟通交流，确保相关业务能从外部了解转型思路与方案，思考和提出关联需求和前提约束。

　　对于大型集团企业，即使是一个专业领域的数字化转型变化，也会牵涉从总部到各下属单位，牵涉面广、涉及人员多，而且数字化转型最终是需要所有人员的参与，并改变他们的工作方式和工作习惯。因此，方案设计后期和落地实施前期，都应该采用覆盖面广的手段，简明清晰的介绍数字化转型的初衷目标、方向方案、价值呈现，以及对企业、对业务、对员工带来的变化，这些变化的最终价值，从而获得广大业务管理人员的支持和期待，并通过他们去转型落地。

（3）企业高层。如果数字化转型方案缺乏清晰的价值呈现和有效的落地措施，加上企业其他高管和部门负责人不了解，无反馈，那么企业高层就很难下决心和投入资源进行坚定的数字化转型变革，很可能只是看看热闹，不能说不好，但又无法下决心推进。如果业务部门和员工看到公司高层没有决心，那么谁又愿意去推动贯彻数字化转型的各项思路方案？往往数字化转型就变成挂在墙上的口号和蓝图。

因此，推进数字化转型，一方面要做好规划策划、咨询设计，另一方面要求加大数字化转型在企业中的共识宣传。

第二节　数字化转型落地的变革管理

不论事先如何谋划，数字化转型的过程肯定不会是一帆风顺的，人们不是害怕变革，而是害怕被变革。因此，需要通过变革管理来帮助企业达成数字化转型之目的。

变革管理是通过帮助所有将受到变革影响的人（即利益相关者）了解企业变革的原因，解决过程问题，做好充分准备，最终帮助企业员工认同新的角色，并在新的工作方式下来完成工作，达成企业需要的绩效目标。具体来说，变革管理能够：

（1）充分的告示。帮助利益相关者理解变化的原因，开发和促进利益相关者的热情和承诺，获得并利用利益相关者的参与和洞察。

（2）有效的润滑。跟踪转型过程，疏通转型利益相关方和各环节的矛盾冲突，减少或消除障碍。

（3）必要的帮助。为利益相关方在转型中提供提升基本能力和技能所需，以满足转型后胜任的要求。

（4）坚定的维护。在从当前状态到转型期望状态的过渡过程中，变革管理通过策略确保方向坚定不变，并与企业组织、业务流程和信息技术等配套内容都能保持一致的方向。

变革管理中最重要的理论是微笑曲线，它体现了员工心理状态的转变过程，企业文化和领导承诺将贯穿整个变革的推进过程中，如图5-1所示。

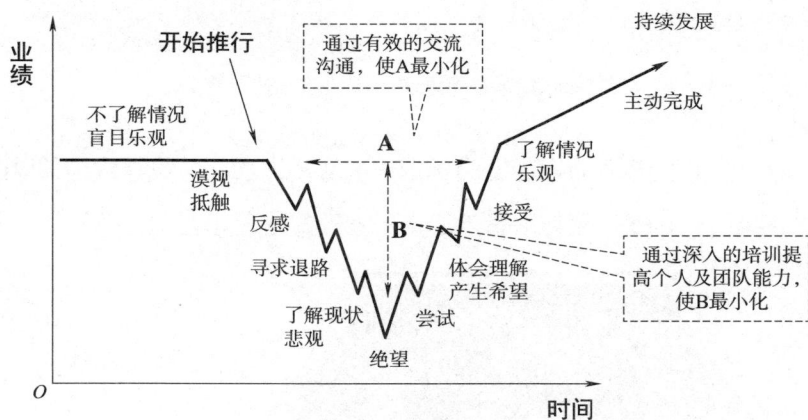

图5-1 变革管理的微笑曲线

如果没有做好变革管理，企业员工缺乏对后续改变的清晰理解，变革难以得到普通员工的共识和认可，大家会天然的抵触变化，仍然在做他们过去的工作，这样就极容易造成以下情况：

（1）走偏了。数字化转型启动了，但却偏离了方向，或者被其他新的优先事项所替代。

（2）浪费了。资源因为不能集中在一起而被浪费。

（3）心凉了。不再尊重领导团队，失去了对领导的信任感，业务骨干因为困惑和信心缺乏而离开，中层管理团队被忽略和跳过。

（4）失败了。预期的变革收益不能实现，变革不了了之。

变革转型失败与成功常见的因素，如图5-2所示。

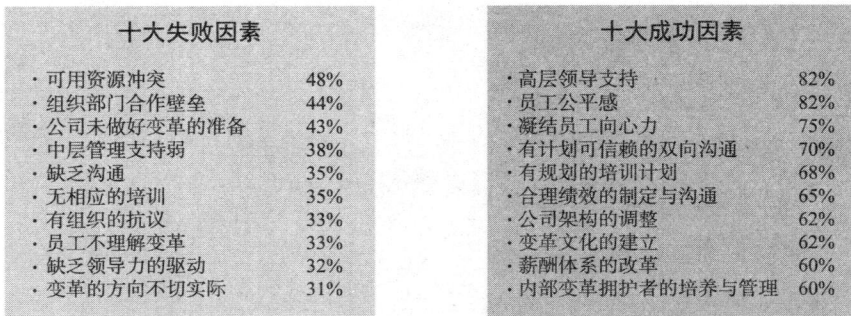

十大失败因素		十大成功因素	
· 可用资源冲突	48%	· 高层领导支持	82%
· 组织部门合作壁垒	44%	· 员工公平感	82%
· 公司未做好变革的准备	43%	· 凝结员工向心力	75%
· 中层管理支持弱	38%	· 有计划可信赖的双向沟通	70%
· 缺乏沟通	35%	· 有规划的培训计划	68%
· 无相应的培训	35%	· 合理绩效的制定与沟通	65%
· 有组织的抗议	33%	· 公司架构的调整	62%
· 员工不理解变革	33%	· 变革文化的建立	62%
· 缺乏领导力的驱动	32%	· 薪酬体系的改革	60%
· 变革的方向不切实际	31%	· 内部变革拥护者的培养与管理	60%

图5-2　变革转型失败与成功的关键因素

从方法论的角度，以转变目标与价值实现为核心，统筹六个关键的变革使能因素，是一套行之有效的变革管理方法，如图5-3所示。

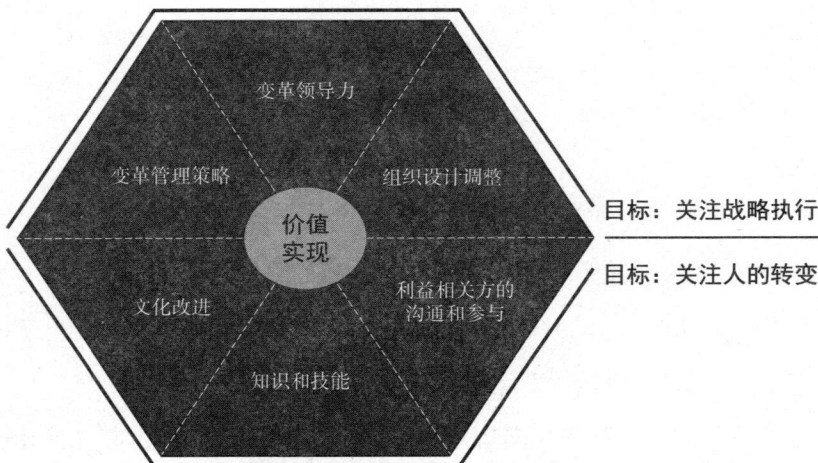

图5-3　变革管理方法

（1）变革领导力。帮助组织中的高层和中层管理人员设定变革项目实施方向，并提升各级组织的变革领导力。

（2）组织设计调整。设计和调整相关组织和岗位的工作职责、技能要求、绩效指标、沟通关系和管理制度等要素。

（3）利益相关方的沟通与参与。分析利益相关方对项目的期望、反馈及顾虑，与利益相关方进行充分的沟通，并调节利益相关方的期望。

（4）知识和技能。评估组织变革所需的新型知识和技能，并通过知识传递和针对性的培训设计帮助企业建立相应能力。

（5）文化改进。文化改进旨在改善组织行为，提高组织绩效，推动组织成长和加速转型价值的实现。

（6）变革管理策略。策略性分析变革影响及组织的变革承受度，制定实施变革管理措施，并进行风险评估与持续改进。

变革管理的过程，从愿景与承诺、计划、协调与动员、设计与实施、优化与迭代四个环节开展具体工作，如图5-4所示。

【案例分析】多层级多手段的数字化转型沟通

作为数字化转型项目的乙方总负责人，在转型项目上，我对公司不同层级人员采用了不同方法和频度保持沟通，将公司高层、中层、基层的相关人员，基于其在数字化转型中的角色定位，采用了不同频次和不同的沟通手段，与各方保持沟通，确保所有人员在数字化转型中由了解到认知、由认知到共识，最终通过努力实现共赢。

公司的高层是数字化转型的领导者，在数字化转型中主要职责是把握方向、批准行动和保障资源。对于直接参加数字化转型板块项目对应的高层领导，拉入项目组，对于其他非直接参与项目的高层领导，除简报外，我会每一个月逐一拜访一次，介绍数字化转型进展、思路、方案

变革管理阶段	愿景与承诺	计划、协调和动员	设计与实施		优化与迭代
变革策略与管理	变革项目策略	集成变革计划	项目组合分析	变革准备度评估	变革实现度指标	过渡至业务方案
变革领导力	变革愿景	治理和决策	变革领导力行动计划	变革推进者网络建设	持续建设	上线后复盘
组织设计	业务模型创新	组织调整计划	岗位组织影响分析设计	员工相关流程设计	过渡至新结构和岗位	组织和岗位评估
利益相关方的沟通和管理	利益相关方管理策略	利益相关方识别和分析	利益相关方动员	持续的利益相关方管理计划和行动		组织和岗位评估
	沟通策略	沟通计划	沟通实施	沟通有效性评估	沟通计划更新、跟进	持续沟通
知识和技能	培训策略和方法	培训计划	培训培训者评估和培训材料	培训交付	上线沟通	上线后培训交付
				培训跟踪与效果评估	上线后培训计划	汇报和沟通已实现收益
文化转型	文化转型策略	文化评估	文化干预设计	与变革项目协同	文化转型管理计划	上线后收益跟踪

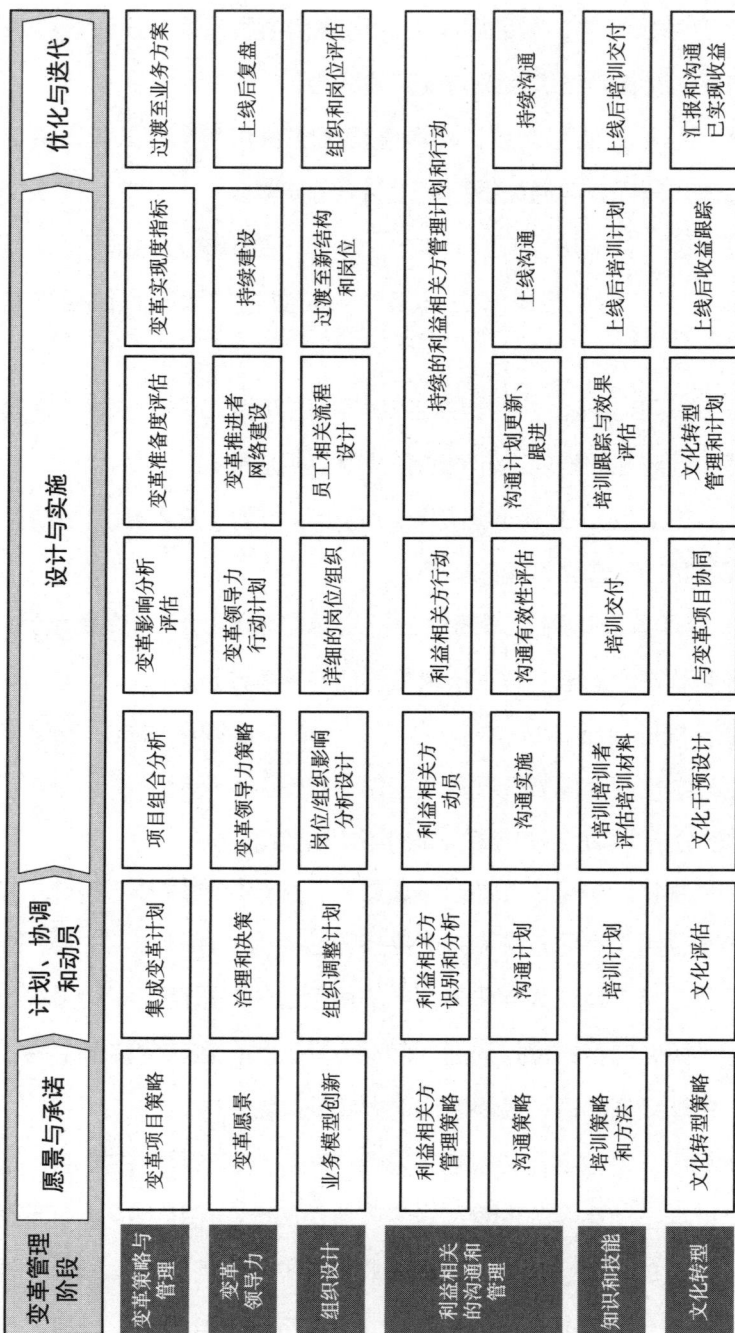

图5-4 变革管理过程的具体工作

要点等，听取建议，拉齐信息。

公司的中层是数字化转型的推进者，在数字化转型中主要职责是共创方案，推动落实。对于没有直接参与数字化转型板块项目的中层领导，除简报外，我会每一个月组织一次专题沟通会，介绍情况、分享观点，听取反馈，拉齐信息。

公司的基层是数字化转型的实施者，在转型中主要职责是理解共识、承诺践行。我会通过海报、视频、文案，介绍数字化转型的目标、业务的问题痛点等，力求让普通员工了解情况、引发兴趣、引起共鸣。

变革管理中不同层级的沟通方式，见表5-1。

表 5-1　变革管理中不同层级的沟通方式

受众对象	受众责任	宣传目的	受众分类	宣传方式	宣传频次	发布方式	宣传内容
公司高层	把握方向 批准行动 资源保障	了解情况 提出建议 承诺资源与参与	直接参与项目	周报	Weekly	PDF 文件	PMO 每周发周报
				双周沟通	Biweekly	会议 +PPT	总裁与总经理与项目核心成员双周沟通
				专项沟通	Ad-hoc	会议 +PPT	项目过程中的具体问题专项沟通
				阶段性汇报	Milestone	会议 +PPT	按照项目里程碑听取项目汇报
				简报	Milestone	PDF 文件	项目内容摘要
			非直接参与项目	专项沟通	Ad-hoc	会议 +PPT	PMO 对非项目组的高层单独沟通
				简报	Milestone	PDF 文件	项目内容摘要
中层管理	共创方案 推动落实	参考共创方案 评估方案可行性落地性	直接参与	周报	Weekly	PDF 文件	PMO 每周抄送发周报
				简报	Milestone	PDF 文件	PMO 同步发布周报
				专项沟通	Ad-hoc	会议 +PPT	PMO 对于变革与创新比较大的内容专项沟通会议
				宣导	Milestone	会议	项目组在最终成果定稿前组织进行交流培训

续上表

受众对象	受众责任	宣传目的	受众分类	宣传方式	宣传频次	发布方式	宣传内容
业务核心人员	理解共识 承诺践行	了解情况 贡献专业经验	直接参与	简报	Milestone	PDF 文件	PMO 同步发布周报
				宣导	Milestone	会议	项目组对最终成果进行集中培训
				认可计划	Weekly	会议	周报中固定表扬 1~2 位本周配合最好、或产出最好的同事
全体员工	了解变革 迎接变化	了解情况 献言献策	非直接参考	海报	Quarterly	纸质文件	PMO 牵头项目组配合，于项目成果设计并发表海报，例如宣传项目、预告下一步行动、你可以怎么参与，配合项目进展等
				宣传视频	Ad-hoc	视频文件	PMO 牵头项目组配合，拍摄宣传视频
				宣传文案	Ad-hoc	网站稿件	PMO 对重要里程碑事件或会议进行内部公众号宣传
				宣导	Milestone	会议	项目组对最终成果进行集中培训
				收集反馈	Ad-hoc	邮件	设置公司反馈邮箱

注：Weekly-一周一次；Biweekly-二周一次；Ad-hoc-一对一，Milestone-里程碑，Quarterly-一季度一次。

第三节　数字化转型中的 TMO

数字化转型的过程是一个凤凰涅槃的过程，通常有一个相对常态化组织来管理与推进这个工作，这个组织就是TMO（数字化转型办公室）。

TMO的定位为数字化转型的策划者、推动者和评估者。TMO向企业数字化转型的发起者（创始人/董事长/总裁）汇报，具体负责推动数字化转型顺利落地，保证企业数字化转型工作横向拉齐、纵向做深落地。

数字化转型前，TMO是数字化转型和各阶段具体工作的策划者：收集转型需求，筛选转型需求，对转型的可行性与必要性进行分析，提出转型提案，上报企业高层决策。数字化转型中，TMO是数字化转型各项工作的推进者，制定转型项目目标、价值、蓝图、计划，组织转型项目的各方资源，对转型项目的里程碑进行管理，对转型项目过程的资源进行协调，协同多转型项目的衔接与整合，并对参与转型的外部咨询商和实施商进行管理。数字化转型后，组织对转型项目的最终评审、复盘与评价，推进转型项目落地宣传，督促转型项目在流程和互联网技术的固化。

TMO人员应该是复合型人才，并具有以下特征：一是熟悉企业并高度认同企业的文化与价值管理；二是主动性强，勇于创新与挑战；三是具有全局视野与思维，能跳出业务与部门站在全局角度看问题、想问题；四是有清晰结构化思维和良好的沟通、表达、协调，以及具有向上管理和向下管理的能力；五是具有一定的管理实践经验。

TMO应该是企业内部的"黄埔军校"，进入TMO的复合型人才应该是企业高层看好的苗子或"后备干部"。通过TMO的历练，强化了对企业战略的理解，增强了对企业全局的认知，并对企业未来发展的方向、路径有了清晰的认识。TMO在数字化转型过程中与企业各部门进行沟通、协调、解决问题，对企业业务和各业务间的衔接关系有更清楚的了解，同时还接触到行业最佳实践与咨询公司的解决方案，思考问题的方法更加高效有序。通过TMO这个数字化转型的一两年的历练，也可以成为独当一面的大将了。

第四节 数字化转型中的 BPIT

仅仅有TMO的牵动是不够的，数字化转型业务与数字技术这两个重要的部分高度关联，特别是发挥数字技术对业务管理的固化和对业务管理优化的驱动，成为企业建立数字化转型长效机制的关键。这个机制的核心就是BPIT（业务流程信息技术）。

最初IBM公司自己进行GIE（全球一体化企业）转型变革的方法和机制称为BTIT（业务流程和信息技术），就是将公司业务流程和信息技术建设统筹考虑组织保障和协同机制。后来，这个组织保障和协同机制被IBM公司引入华为公司。华为公司在实践中更加强调业务中的流程，因此这个机制逐步演变为华为的BPIT方案。

一、IBM 公司的 BTIT

IBM公司的BTIT，首先是强调和突出的是业务流程。IBM公司的BTIT是为了保障IBM公司成为一个可以不断变化的GIE（全球一体化企业）。IBM公司的BTIT相关组织，如图5-5所示。

图中SVP steering committee为IBM公司转型指导委员会，负责战略指导及GIE转型；EPO team为企业流程责任人团队，管理并推进IBM公司实现GIE路线图所需要的横向和纵向端到端流程的负责人团队。CIO team为基于总体费用预算，以构建支持GIE实施的BT/IT整体能力，推动、监督各项变革举措、行动、项目的实施。上述翻译成中国企业熟悉的语境，就是SVP（高级副总裁）作为公司转型的发起者和决策者，明确转型的方向、提供转型的资源、评价转型的效果；EPO

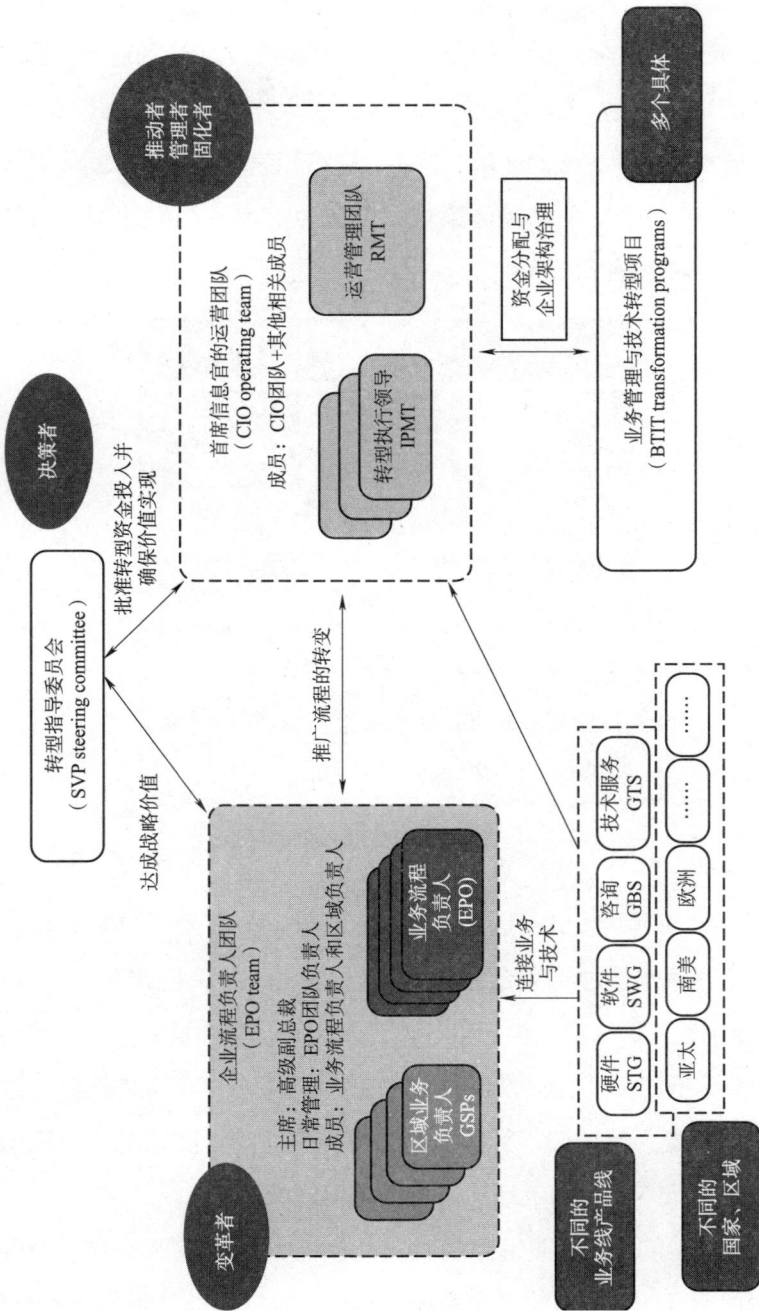

图5-5　IBM公司的BTIT相关组织

team为企业业务真正的负责人，他通过流程这个抓手去设计、优化和贯通公司各项业务按照转型的要求实现局部的变化和端到端的贯通，以及配套的组织优化。CIO team向各级信息化领导团队按照转型要求，以信息技术为抓手，推动变革的发生、执行和信息系统落地固化。

BTIT是整个转型的具体策划、推进、落地的组织保障。将CIO team展开，如图5-6所示。

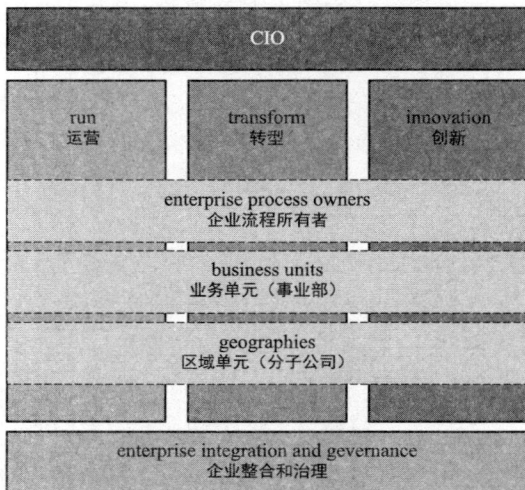

图5-6　IBM公司BTIT中的CIO团队

CIO纵向管理run（运营）、transform（转型）、innovation（创新）。run即信息化平台的基本运行维护，确保业务支持不中断；transform是按照客户、供应链、员工发展等几条典型端到端流程配置的对口协调推动员；innovation是在转型过程中技术创新的团队，这个团队逐步演变为数据应用团队。CIO横向交叉管理或联动各流程所有者、业务单元负责人（leader）、各地域区域负责人。

整个结构的第一个关键点是transform这个组织/团队，由这个团队来策划、指导、推进、协调各条线的转型，包括具体转型项目的管理。

第二个关键点是CIO，通过CIO纵向拉动IT资源进一步承接转型的信息化落地，同时通过CIO的职位与各流程所有者、业务和区域负责人沟通协调推进。

在整个BTIT中，EPO（流程责任人）也是一个关键团队，以流程为抓手的转变，怎么变、变后的效果怎么样，都是EPO来决定和承担的。EPO的定位与职责主要包括：

（1）设定流程策略和优先级；

（2）确定需要改进的关键流程领域；

（3）定义并执行流程转换计划；

（4）承诺并部署效率和节约；

（5）共享服务绩效、预算和资源；

（6）识别上游和下游机会以改进端到端流程的结果。

EPO team通常由各条线的权威、团队领导组成，同时也包括一些talent，这里的talent相当于国企的后备干部，IBM公司非常重视talent。

二、华为公司的 BPIT

在IBM公司咨询指导下，华为公司也建立了常态化变革转型机制，通常称为BPIT。华为公司变革管理相关的组织，如图5-7所示。

在董事会下，由变革指导委员会及其下设的变革智囊团基于公司每年的战略修订和企业内外部问题与挑战，确定变革方向、内容和重大项目。变革智囊团的任务包括业务、IT、架构，以及变革项目管理团队组成，将变革要求、计划、项目下达到具体项目中，并由变革智囊团协调业务流程部和IT管理部的流程管理部门进行业务管理变革，这个过程由架构管控进行管理、约束并推动后续IT落地的需求、项目等工作。

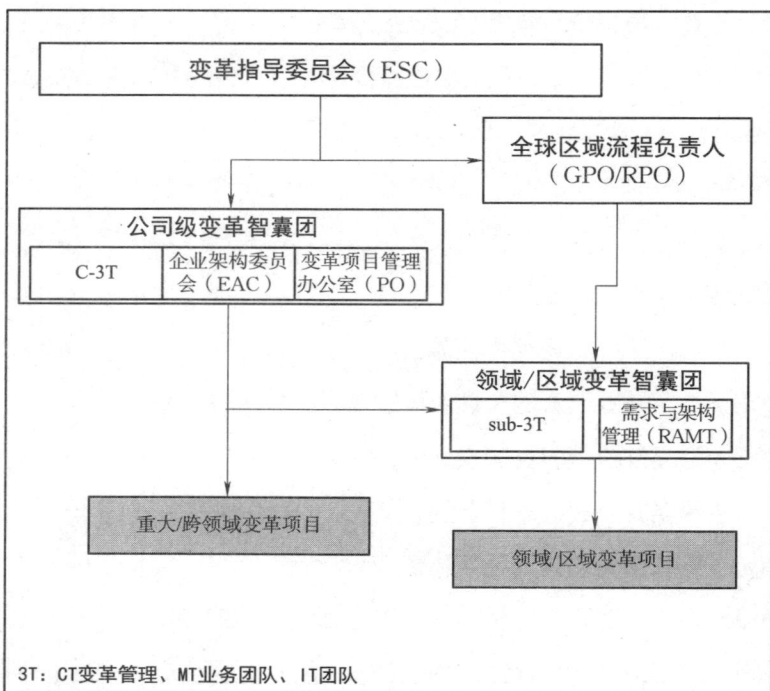

本图来源：参考网上信息和《华为数据之道》整理

图5-7　华为公司变革管理相关的组织

　　华为公司变革又分为企业级和领域/区域级，其中领域/区域级也设置类似的变革智囊团，并受到领域/区域流程负责人和企业级变革智囊团的领导，对领域/区域的业务变革进行管理和推动。

　　近年来，数据在企业运营和转型中的作用与价值越来越突显。数据管理一方面管理、约束、规范企业各业务的数据，另一个方面通过数据去揭示企业问题与风险、形成创新思路。因此，在架构委员会中，数据架构的管理发挥越来越大的作用。

　　总之，华为公司的BPIT机制，也是通过将数字化转型变革、业务优化创新、信息化固化、数据反哺业务提升等多个方案，通过组织及其组织间的分层与协同机制，确保数字化转型变革的顺利推动。

三、BPIT 的内在业务逻辑

国内很多企业已经开始借鉴BPIT方案思路，建立常态的企业数字化转型推动与管理机制，我在海信集团看到的企业组织，将流程、IT、数据的管理放在一个部门中，以更加有效的推动数字化转型。

当然，已经有很多大型企业用不同的方式，将企业的流程、IT、数据等关联到一起，以便更好地推动数字化转型。

BPIT是业务部门和IT部门有机联系的桥梁，其核心是在传统的业务部门增加了EPO（业务流程责任人）这样的角色，在IT部门增加了流程管理团队。BPIT职能定义如下：

（1）业务变革职能。承接业务战略，制订变革计划、开展变革管理、管理变革项目、回顾变革成果、管控业务架构、批准业务需求。

（2）信息服务职能。编制信息规划、分析业务需求、立项信息项目、管理IT项目，引入新技术、管控应用架构、管控技术架构、制定运维模式、开展运维服务、管理IT资产，以及为智能制造提供基础网络与设备管理。

（3）数据分析职能。管控数据架构、推进数据治理、制定数据标准、定期清理数据、检查数据质量、考核数据质量、开展数据分析、提供决策建议。

BPIT与企业战略、企业业务、数字技术平台等各方，形成三个闭环逻辑推动企业数字化转型。BPIT相关部门在数字化转型中的运行关系，如图5-8所示。

Cycle 1：业务变革大闭环。BTIT变革组承接企业战略要求，对企业业务体系进行变革与优化，形成业务能力不断地提升。

Cycle 2：业务变革小闭环。BTIT数据对信息技术平台数据进行管理并分析，帮助业务管理发现问题、分析问题，并预测预警，从而指导帮助业务管理更高效地运营，以及对业务管理的优化调整，形成信息技术新的固化需求。

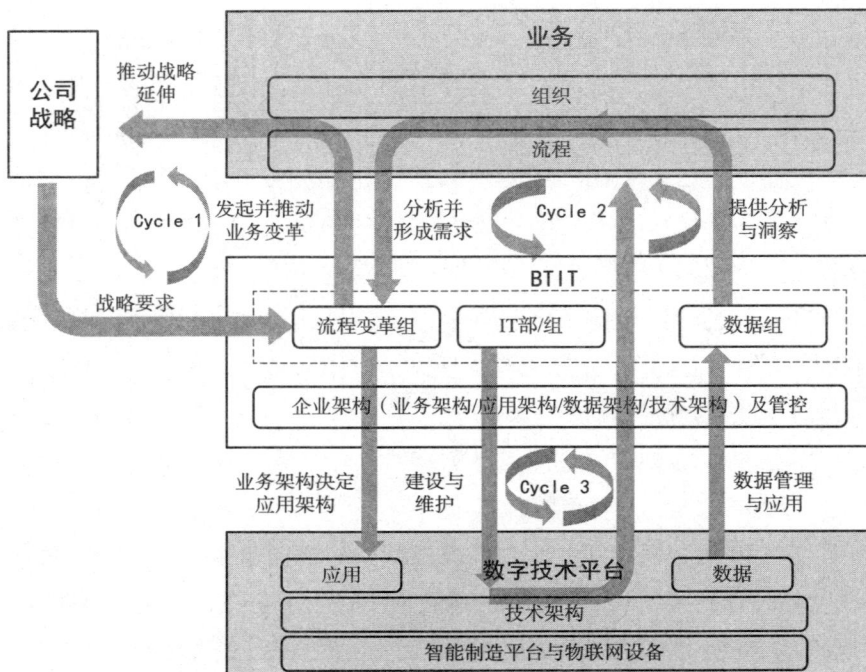

图5-8　BPIT相关部门在数字化转型中的运行关系

Cycle 3：信息技术固化并支撑业务闭环。BTIT的IT组基于变革组的澄清的业务需求，进行信息技术平台的建设和运维，以此支撑业务体系的运作。

企业在数字化转型中设计常态的转型管理与固化机制，可以借鉴上述IBM公司、华为公司的思路。把握好BPIT中核心三大闭环逻辑，而不需要太拘泥于IT部门相关的组织架构调整。在具体设计中，还需要结合本企业的IT治理架构、架构管控体系，以及制造业中的质量认证、贯标等体系，进行综合、融合的考虑，才能真正形成符合企业特点的BPIT方案。

总之，BPIT是将企业业务变革与信息技术支撑高度融合，实现企业业务变革与信息技术固化的无缝衔接，并推动企业管理螺旋式发展。

BPIT在企业数字化转型中扮演企业业务变革的推动者、业务成果的固化者、业务管理的支撑者、业务决策的辅助者，是各企业数字化转型常态机制建立的必须思考的方案。

BPIT与TMO，本质上就是BTIT，是企业数字化转型缺一不可的转型铁三角。TMO与相关方在数字化转型中的运行关系，如图5-9所示。

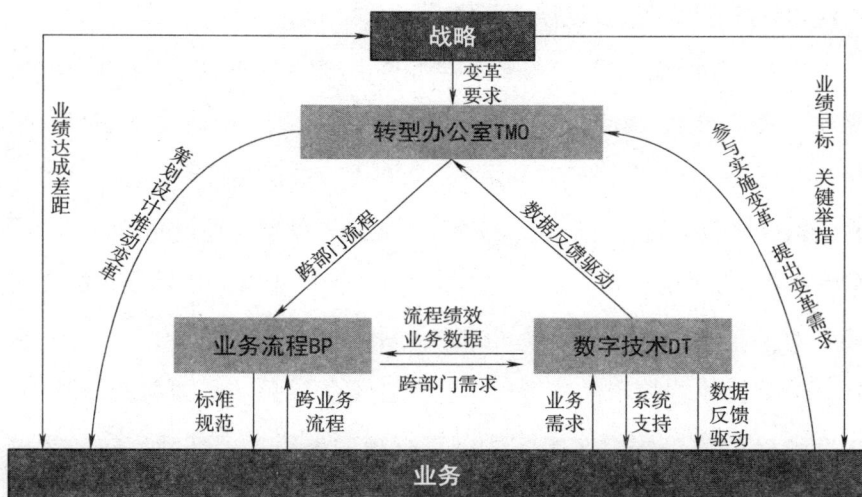

图5-9　TMO与相关方在数字化转型中的运行关系

第五节　数字化转型中的高层"铁三角"

企业数字化转型是企业管理模式、组织、流程、绩效、信息技术支撑等多方面的转变，它是一个相对整体的、长期的工作，具有以下特点：

一是以战略为导向。企业整体数字化转型变革过程会逐步延伸到企业价值链的各环节，包括战略、市场、销售、研发、项目、生产、供应链、质量、安全、环保等各面。

二是渐进的过程。企业数字化转型变革过程通常需要三年甚至五年的规划推进。通过数字化规划，按照业务转型价值大小、影响程度、转变难度等进行分析，分步开展，逐步推进。

三是信息技术及其企业数据资产作为重要的能动力量，越来越多地扮演驱动角色而不仅仅是被动固化。

因此，如何整体的、长期的、稳步的推进数字化转型，企业通常都会建立以董事长或总裁挂帅的数字化转型委员会，成员通常也会包括几乎所有的高管，这是非常有效而且有必要的数字化转型变革领导方式。同时，数字化转型又是由一个个具体项目组成。就具体项目而言，又必须有责权相对清晰的高层来担任总监，具体管理和推动项目引发的变革转型。

一个具体的数字化转型项目，企业高层除董事长或总裁挂帅外，数字化转型的具体工作如何选择高层管理人员来担任项目总监领导和推进，这需要考虑两个方面的情况：首先，如果任何一个具体的数字化转型项目都由所有的高管来管理，必然会陷入"和尚多了没水喝"的局面；其次，数字化转型是由一个个关联项目组成，这些项目相互如何衔接一致。因此，在数字化转型当中，可以采用高管铁三角和轮值项目总监的思路，确保数字化转型工作的整体性、连续性、专业性。

（1）高层铁三角。企业数字化转型应由企业主管战略、主管转型具体业务和主管信息技术的三位高层领导共同担任数字化转型项目总监。主管战略的责任是确保转型方向与公司战略的一致性，人力资源总裁是确保整体组织架构的适配；主管信息技术的责任是确保转型中信息技术特别是数字应用如何去赋能，以及过程中流程、信息系统的落地固化；主管转型具体业务的责任是把握业务转型方案在行业、企业的前瞻性和适合程度，并对转型过程中的资源拉动、推动应用，以及对最终转型的成效负责。高层铁三角代表董事长或总裁共同管理数字化转型项目，确保数字化转型过程的推动和落地。

（2）轮值项目总监。一个项目最终要有一个人负责并说了算，为了避免高层转型铁三角出现"三个和尚没水喝"的问题，需要设一个轮值项目总监。因为数字化转型主要是对业务管理的优化转变，从专业、资源拉动上业务主管更有优势。因此，轮值项目总监应优先考虑业务主管。战略主管和信息技术主管作为副总监辅助总监决策和拉动资源。同理，下一级领域的数字化转型项目，应由该项目对应的业务主管来担任项目总监，而战略主管和信息技术主管继续作为副总监辅助决策和拉动资源。随着企业价值链不同业务板块的数字化转型，业务主管不断轮流来承担项目总监的职务和责任，而战略主管和信息技术主管相对稳定的担任项目副总监，将战略与信息技术不断融入不同业务板块的数字化转型，确保企业战略的一致性、各板块转型方向的一致性和关联性，以及流程、信息系统固化的整体性。高管铁三角在数字化转型中的轮值关系，如图5-10所示。

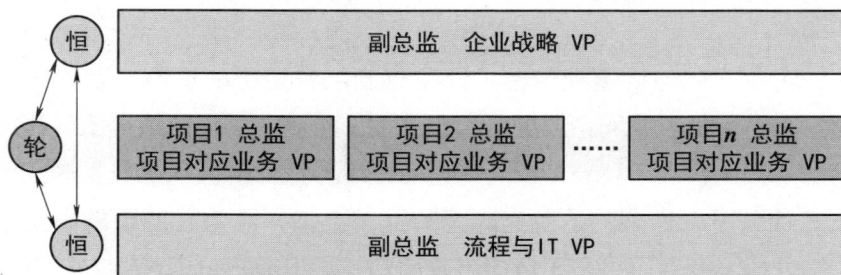

图5-10　高管铁三角在数字化转型中的轮值关系

第六节　数字化转型中企业文化的力量

做人就是做人品，做企业就是做文化。一个企业的灵魂是企业可持续发展的根本，这个灵魂就是以愿景、使命、价值观为核心的企业文化，企业文化是企业在长期的经营过程中逐渐形成并为企业所认同和遵循的价值观、信念和行为方式，它是一个企业的灵魂和精神支柱，对企业的凝聚力、激励、协调、约束和形象塑造，以及日常的行为有潜移默化的影响。企业文化在很大程度上是创始人的信念和价值观在企业的映射，决定企业经营理念、战略选择路径（保守与激进）、环境氛围，以及决定企业与客户、企业与员工在利益面前的平衡与选择。这些都共同决定员工在面对问题、面对抉择中的思维模式和选择倾向。

企业文化不仅仅是体现在挂在墙上的口号，而是从创始人到高管再到经理日常怎么做的。企业鼓励什么、唾弃什么，面对客户、员工的利益冲突时选择什么、放弃什么，用人上赏识什么人、重用什么人、奖励什么人，企业底线是什么，哪些绝对不能做。这些都是企业文化的体现，也是企业文化传承的过程。企业文化就像家风传承，不是挂在门匾上，而是长辈们做人、做事的具体行为与选择，以及对后辈潜移默化的影响。

企业文化与价值观传递，让我想到亲身经历的事情。我的一个客户在学习某互联网企业的价值观，每个季度考核和评价价值观践行情况。某个客户问我，IBM公司是怎么传递企业价值观给员工的，有没有什么可以借鉴的。我当时没有回答上来，因为我的印象中似乎IBM公司没有专门给员工宣传过价值观，更没有把价值观纳入日常考核中。这个客户接着说，看来你们的价值观是挂在墙上的。当时我很郁闷，但似乎也无言以对。后来在一次客户商务宴请中，我们公司年轻的女同事被客户劝酒，当时我和公司另一位高管不约而同地去帮她挡酒。我们三位并不熟悉，也没有提前商量过，但态度、眼神、行动完全是一致的。我们俩都在IBM公司有十年以上的工作经历，我想我们应该是共同的文化熏陶和价值观形成的默契，而这样的文化传递，一定不是企业的口号与宣传，而是潜移默化，上行下效的。因为我们的老板就是这样的，我们的老板的老板也是这样的。所以说我自身体验到企业文化对员工的熏陶，绝不是仅仅写在墙上，也不是让员工背诵记忆。企业文化就像家教一样，长辈是这么做的，自然小辈就知道怎么做。很难相信一个满嘴跑火车的经理，带出的团队是诚信负责的。

【案例分析】从企业文化看数字化转型需要的文化特征

这可能是我接触客户中最有活力的企业，而且还是一家制造型企业。无论是年长的创始人，还是高管团队、普通职员，整个团队都充满朝气，每个人都积极地参与到公司的数字化转型中，而且能够感受他们发自内心的渴望创新、渴望改变的热情。

该公司最初是一个小的民营企业，机缘所致与一家全球知名汽车零配件企业合资，成为其在大陆西南区域的合资企业。随着中国汽车行业的快速发展，这家合资企业销售营收从不到1亿元增长到接近70亿元，业务也从一家工厂，迅速扩展到十多家工厂。2018年，汽车行业面临销售营收普遍下滑，这家企业开始加快数智化建设，一方面投资进行企业内部管理优化，另一方面启动战略延伸升级现有技术产品，并突破B端（企业客户）市场到C端（终端用户）市场。2021年战略延伸成功，新的2C（面向终端用户）市场开始发力，企业进一步升级成为一家拥有多家2B（面向企业客户）企业和2C（面向终端用户）企业的集团投资控股企业。

该企业一直在突破转型成长发展。在2013年前，作为一个西南本土制造型企业，企业倡导的是"快乐敬业文化"，鼓励快乐工作、快乐生活；2014年成为合资企业后，企业倡导的是"幸福家文化"，并给予员工更多的人文关怀。鼓励员工交流、崇尚安全健康，积极组织各种教育和文化活动。在激烈的市场竞争和行业严冬期间，企业文化升级为"强调价值创造和利益共享"。通过平台型组织建设，让更多员工参与企业经营，激励员工与企业的"对赌"，从而有更多的担当和利益分享。在成为集团投资控股公司后，企业文化进一步升级为"创新和共赢"，激活员工及组织潜能，赋予核心员工更多的责权，鼓励员工在商业模式上的思考与创新。

该企业的核心团队始终充满活力的在追求变化发展，找机会去推动变化，永远都在探索创新、探索发展。企业文化中有一句话是"以卓越致敬初心"。其初心是：每一个加入企业的人都是有信念、有态度、有追求的人，我们志同道合。因为有初心，所以愿意砥砺进取、精益求精、不断突破、追求卓越和新的高度。

我专门与负责企业战略与文化的高管就企业文化中这个独特的"激情、创新、发展"根本原因进行过讨论，她给我讲述了企业发展历程和创始人的风格。在日常项目中我也接触过这位创始人，感受到这位企业家的宽厚与睿智、坚定与勇气。从本土企业到合资企业、从2B企业到2B+2C企业，从多工厂企业到投资型集团，企业文化也从"快乐敬业文化"到"幸福家文化"再到"以卓越致敬初心"不断升级。企业这一路发展下来，核心团队始终激情满满的推动这样的转变。我理解其中企业文化中一直没有变化的是"家文化"，温厚的创始人和激情澎湃的核心团队，应该是把企业看成了"家"。创始人当核心团队是家人一样，在多次本来可以高价卖掉企业的时候，创始人首先想到的不是如何卖个好价钱，而是卖掉后这帮员工怎么办，怎么发展。我想，维系核心团队积极创新发展的动力源泉来自"家文化"带来的三个方面：一是员工有充足的安全感和归属感，每个人都被尊重与信任。二是员工能感受到有广阔的发挥空间与发展空间。无论职级，每个人都有思考与建议的权利，一旦提案获得认可，就有独立发挥的空间，进而能成长发展。三是企业有积极向上而宽松温暖的氛围，经常组织培训、交流、活动、读书会等，鼓励分享、鼓励协作，读书群、运动群丰富了员工周末的生活。

"家文化"似乎不是现代企业主流的文化，西方企业管理更多地强调"职业化的螺丝钉"，员工能力满足岗位则来，不满足则去，员工自己也要求自己职业化的"做好本职工作""到哪个坡唱哪首歌"，就算是"996"也是职业压力卷出来的。我认为"家文化"是更适合数字化转型与创新，或能更好地转型与创新，员工不担心在"家"里工作转没啦，而是想怎么转能转好啦。

企业有一本《文化的力量》，书中讲述企业自身的文化和价值观，以及基于此管理规则，高管团队相信企业文化的力量能促进公司健康发展。在数字化转型中，文化确实是有力量的。在数字化转型的企业文化中应该有"融"和"容"两个字。首先企业与员工要"心融"，心往一处想劲往一处使；其次是企业对转型中的成败要"包容"。转型与创新绝对不会一帆风顺，过程中需要试错和容错，这样才会有坚定的决心和长期的坚持。

我一直在思考，什么样的企业文化最适合数字化转型，或在数字化转型中应该引发出什么样的企业文化特质？企业文化可以类比人的性格，什么性格的人愿意变化或不怕变化。

第一，穷则思变。人被逼上困境会主动思变，企业遇到经营危机，自然会思考和拥抱变化。例如，IBM公司几次重大的转型，无不是危机四伏下被逼的。

第二，不满而变。很多人自我意识强，对环境的容错门槛低，表现出不满足现状的性格。对企业来看，创始人或领导人志存高远、追求卓越的成功，带领企业不断地拓展出新的发展空间。

第三，"家文化"。随着数字化转型，面临市场竞争和挑战，向"同创共享的奋斗者"文化转型，但底层逻辑还是注重人文关爱的"家文化"，只是在过去的基础上强调员工的参与和价值分享导向。

华为的企业文化是"奋斗者文化"。他们文化中的淘汰机制，以及"钱给够"的财务自由，或许是转型的背后原因。

IBM公司也是一路转型，背后的文化除"创新、客户、诚信"外，骨子里是"专业的工程师文化"，所以转型起来也不难。

所以，我理解数字化转型中的企业文化，要么给员工创造安全感，让他们感觉在变化中成就自我与发展；要么给员工传递危机感，让他们感觉变化是常态，必须自我变化适应，否则就是离开。

【案例分析】一条典型流程的落地

某公司以数字化转型规划为牵引，开启了整体数字化转型。我带领的团队负责转型办公室的建立与推进，以及流程管理体系的搭建和典型优化示范。在完成企业流程框架和流程体系建立后，选择了一个应用面广且相对简单的流程进行优化和转型落地推广。

这家公司的管理比较传统，特别是管理流程，以手工方式为主，而且审批环节多。在选择示范流程项目时，我希望这个流程覆盖面广，能让更多的员工体会到流程优化后的效果，从而对公司整体数字化转型有更好的示范效果，并且这个流程也不能太复杂、太专业，要充分体现出流程的改变给员工和公司领导带来效率上的提升。经过数字化转型与流程管理办公室的讨论，结合公司的实际情况，我选择了差旅报销流程。

原出差管理模式效率低，而且还有很多问题，其现状特点是：

（1）员工出差要所属子公司负责人审批。例如，总部员工出差前的申请和出差后的报销都要总裁来批准，而不是部门领导或直属上级。在访谈时总裁抱怨，很多人他都不认识，该不该出差、去干什么、去多久、是不是去了，是否达成效果等，他都不知道，但他又不得不批，否则会影响工作。按照公司规定，出差前的申请中的出差时间和地点要与出差后报销的完全一致，但实际工作往往很难一致，出差期间可能因为情况变化后多待了两天，或又顺便去了其他地方。为了保持一致，员工们的出差申请是与出差报销同时填写、同时提交审批，这样就能确保出差实际情况与计划的完全一致。出差过程基本没有管理，人到了哪里、待了多久、住什么酒店等完全是员工自己确定。

（2）基于上述原因，部分员工看到了管理漏洞，假报出差时间，虚假住宿，甚至拿着外派地的补贴，又去外派地报销出差和补助等廉洁问题长期隐藏其中。

（3）出差后报销发票乱，财务部门对账难度大、监管难度大、报销周期长、员工满意度低。

基于现状，公司决定以营销中心为试点单位，按照让员工方便快捷，让后端可管控和业务部门负责审核出差业务的合理性、真实性，财务部门负责审核出差票据及标准的合规性、真实性、票据匹配性的原则，重新设计出差管理流程，并使用信息系统和外包服务的方式来提高整体效率。新的差旅管理模式的核心要点是：

（1）明确差旅流程定位。出差前的申请流程，由申请人的直属上级审批出差申请的合理性、真实性；出差中的预订流程，由系统管控出差过程的真实性，减少员工借款与垫资；出差后由申请人的直属上级审批出差报销的合理性，财务审核报销与票据的合法性、真实性、合规性。

（2）优化差旅流程逻辑。出差前申请流程和出差后的报销流程尽可能精简，减少审批环节，取消盖章环节，电子信息先流转，纸质信息后补。

（3）技术支持系统贯通。支持全线上流转，集成发票扫描系统、报销系统、商旅平台、薪资系统、企业OA，随时随地按需预订行程。

（4）引入服务外包资源。引入商旅服务公司，完成订票、定酒店、定车辆，以及费用垫付的服务。出差人员原则上不再自己订票、订酒店，商旅服务公司与企业直接对接行程、费用、发票等。一方面提高效率，另一个方面降低廉政风险。

优化后的差旅流程如图5-11所示。

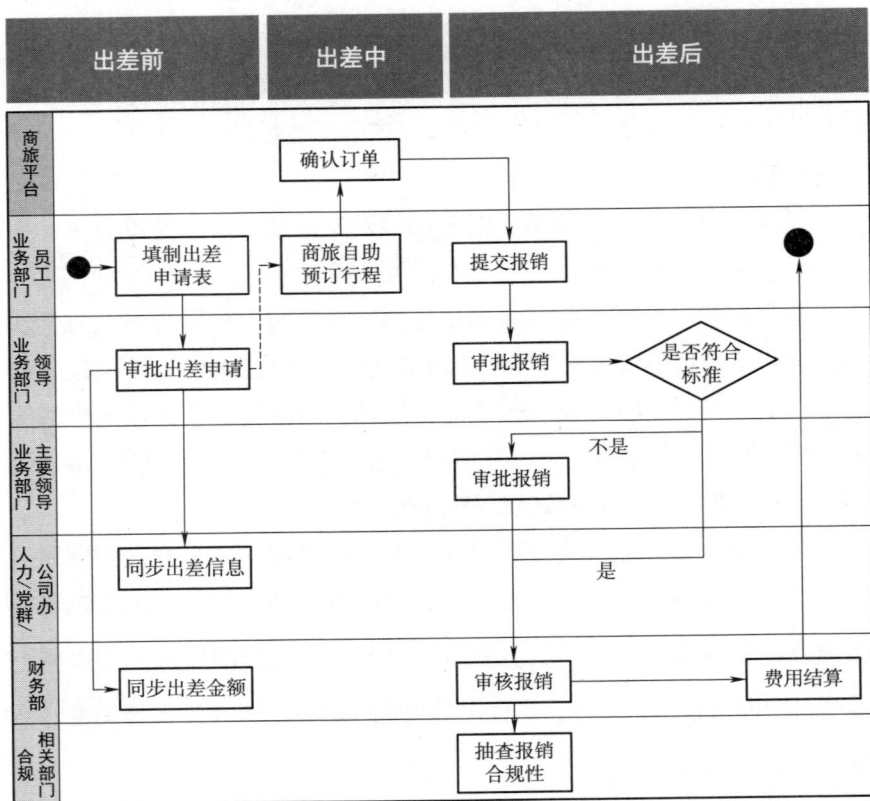

出差前	出差中	出差后

商旅平台：确认订单

业务部门 员工：填制出差申请表 → 商旅自助预订行程 → 提交报销

业务部门 领导：审批出差申请 ／ 审批报销 → 是否符合标准

业务部门 主要领导：审批报销（不是）

人力/党群／公司办：同步出差信息（是）

财务部：同步出差金额 / 审核报销 → 费用结算

相关合规部门：抽查报销合规性

图5-11 优化后的差旅流程

差旅流程方案设计完成后，公司高层对第一个业务与管理转型的示范高度重视，要求在两个月内完成落地工作，5月1日正式启用。在转型与流程管理办公室的牵头下，制订了"430工作计划"（截至4月30日的工作），几条专业线并行开展工作：

（1）商务采购线。与国内几个主要的商旅服务企业对接，提供需求，并筛选方案，招投标确定商旅服务商，以及合同谈判。

（2）人力资源部。确定营销中心员工的基本信息、直线领导，明确一线审批（部门领导）、二线审批（主要领导）的角色矩阵与审批内容，确定员工职位对应的差旅补贴和交通工具的等级与标准，优化"差旅管理制度"并发文。

（3）财务与审计线。财务部门与审计部门同商旅服务商确定凭证的流转关系，确定费用垫支的需求，确定双方需要交换的数据，确定凭证对账的时间与颗粒度等。优化"差旅费及接待管理办法""外部供应商对账与结算办法"并发文。

（4）信息技术线。基于方案形成详细设计，选择集成开发平台，设计内部与相关系统，以及外部与商旅服务系统对接的方案，开发推进掌上移动App的上线。

两个月的差旅管理优化推动落地在各专业条线的全力以赴协同与冲刺下，达成了4月30日上线应用的总体计划目标。这个过程中，转型与流程办公室2位专职人员和1位全职顾问牵头，每天协调，每两天召开一次推进会议协商和解决问题，包括细化流程、汇总各部门需求，推进各部门对方案的确定，以及对制度的修改调整等。从过程来看，由于企业各部门职责边界、工作习惯和思维习惯等原因，推动过程中协调难度较大，特别是完成一些其他部门不负责的工作，才能有效推动落地更是如此。整个过程非常艰辛，但最终示范效果非常明显，极大提高了差旅管理的效率和合规性，得到几乎所有员工的认可和赞赏，让这个传统企业对管理咨询的价值，以及对信息技术的价值得到了更直观的认识和认可，也极大地推进了企业数字化转型的后续工作。

我事后总结，差旅管理优化相对比较简单。方案从调研需求到完成初步方案2天，方案与各方达成共识，不断完善后给公司领导汇报获得认可2周。整个方案上线落地应用2个月。因此，数字化转型规划与设计后，落地实施推进才是真正的数字化转型。一个相对简单的差旅管理流程的改变，也要在高层领导极其重视，人力资源、财务、审计、招标中心、信息部门全力参与和冲刺下才能顺利完成。至于整个企业的营销、供应链、生产、财务等业务的转型，更是需要全公司所有部门更长久的参与，才可能真正的落地实现转变。

第七节　数字化转型中的创新与赋能

数字化转型中，数字技术支撑的业务管理包括两个方面：卓越运营数字化和业务创新数字化。

卓越运营数字化通常是针对现有业务及管理体系的优化与调整后，通过数据技术去支撑，这是相对传统的管理咨询优化成果到数字技术落地的过程。支撑与固化更多是企业价值链固有环节中的业务管理模式及其对应的流程与组织，这部分业务相对稳定，是企业的基本盘。数字技术固化的是业务管控信息与业务流程过程，是偏事务性的业务。例如，常见的ERP系统、HR（人力资源管理）系统、CRM系统，以及生产企业的MES系统、能源企业的资产管理EAM系统、银行的核心交易系统、保险行业的保单和理赔系统等。

业务创新数字化通常是卓越运营数字化的基础上，针对现有业务及管理体系，基于技术与数据去创新业务形态（新客户、新产品、新商业模式等）的构建与落地，为业务管理创新性的形成新模式、新流程、新方法、新场景，从而更多为业务提供赋能和增值，反哺现有业务及管理体系创新。这个过程是围绕业务场景，基于技术与数据的创新过程，甚至会颠覆传统业务及管理体系。

从数字化转型的角度，既要关注卓越运营数字化这个基本盘，也要重视业务创新数字化带来的增值。从企业数字化发展的阶段上看，对数字化基础薄弱的企业，需要首先建立卓越运营数字化，夯实基础；对数字化发展比较成熟的企业，需要更加关注业务创新，通过数字化对企业业务的赋能和增值。

【案例分析】党建引领集团一体化 ERP 项目建设工作

某能源集团根据发展要求，启动了一体化ERP系统建设工程。整个系统采用全集团集中统一的建设模式，作为集团数字化的重点项目，承担着集团对二级公司和三级公司的集团管控、管理统一、业务赋能的使命，这样规模的项目在大型集团型企业是少有的。我参与过该集团的多个信息化项目，深感这样一个支持超万亿元规模、员工超30万人，多产业、多地域的集团化企业，要集中建设与推广这样的系统，难度可行而知。其挑战包括以下方面：

（1）范围广。涉及二级公司近百家，法人单位近千家，在实施过程中各单位组织和业务的重组都在不断变化。

（2）板块多。业务板块涉及煤炭、发电、新能源、化工等。

（3）模块全。系统功能包括人力资源、财务、物资、销售、设备、项目管理等多个模块。

（4）难度大。其中SAP是国内首个大型集团ECC（冷链管理平台）升级S/4HANA（基于高性能内存计算平台）最新产品，国内尚没有同等规模企业由ECC迁移转换到S/4HANA的案例经验。

（5）数据基础薄弱。多年的分散建设与孤岛式系统，数据不规范、不统一，数据基础非常薄弱。

（6）管理与能力差异大。各公司管理水平差异大、信息化基础与能力差异大，系统推广建设与升级过程中伴随着业务的变革，基层公司对国外成熟套装软件引入的认知差异大、思想不统一。

为了有效推进项目，集团项目部除常规的项目管理和转型推动外，响应集团党组号召，创新性地提出党建引领集团一体化ERP项目建设的工作方式，从党建引领、宣传影响、文化熏陶三方面进行集团项目管理与推广，最终按计划完成了项目，并有效的落地实现了全集团相应业务变革。

（1）支部建在项目上。按照专业和推广区域，设立多个党小组，明确了深化党建与业务融合、发挥支部战斗堡垒和先锋模范作用，建立多个党小组，充分发挥发挥党小组、党团员作为项目骨干的示范与突击作用。

（2）发挥党员模范示范作用。对于重点工作、关键任务，组建党员突击队，开展冲锋夺旗的活动，项目中200多名党员，在业务流程梳理、数据清理、业务标准化设计等关键工作中，以勇于承担的闯劲、锲而不舍的韧劲、拼搏进取的干劲，引领项目组和广大一线员工，推动项目攻克一个个难题，顺利达成每个阶段目标。

（3）占领变革宣传阵地。充分运用党的宣传手段，积极进行业务转型变革的宣传，增加一线员工对系统建设、推广、应用的认知与认同。通过打造微信公众号、专题网站、项目电子期刊、微播报思维宣传平台等，定期通报项目建设情况，组织项目相关的培训会、讨论会，举办线上与线下的各类主题活动，充分宣讲业务方案，树立典型标杆骨干，开展成果报奖，不断强化建设成果与一体化ERP实施上的管理价值与业务价值，推动系统上线的转型变革顺利发展。

我非常点赞这家企业的做法，传统国企、央企，信息化带动的管理上的优化转型是一项非常艰难的过程。固有的思维方式、长期的工作习惯，加上稳定而无风险的职业生涯。在这种环境下，要进行转变时，对每个下属单位、每个员工都是挑战。而我党的"支部建在连上""党员冲锋在前""文化宣传引导"都是胜利的法宝，将支部建在项目上，发挥党员先锋作用引领变革、解决项目中的难题，特别是运用党的宣传机制引导管理创新与变革，确实是大型项目变革管理值得学习和引用的实践。

第八节　数字化转型的成功必要条件

在我过往参与的企业数字化转型工作中，数字化转型成效显著的企业基本做到了以下方面：

（1）方案永远是取舍与平衡后的选择，要尊重规律与专业。在数字化转型中，转型的方案最好引入专业咨询公司来设计，既能从专业性上保证方案的科学性，又能引入行业或全球的最佳实践来佐证。当然，这个过程中企业的核心骨干要充分参与，要让方案融入企业历史、企业文化、管理现状、历史沉淀中，确保方案能结合企业实际，更要在尊重规律与专业的基础上科学制定方案。企业方不能提出"既要……，还要……"，咨询方设计中也不能瞎忽悠说"既有……还有……"。最终方案的选择是由企业的高层来确定，方案的选择依据是企业的战略方向和企业整体利益最大化为原则，是一个利弊取舍和利益平衡的选择。没有绝对的方案，只有当前最适合的方案。

（2）方案确定后，关键还是落地的坚定遵照执行，确保方案执行不走样。方案落地推广的各分、子公司，对方案不能层层加码、个性修改。例如，进行集中采购，方案设定要集中采购的品类、集中采购的流程，分、子公司不能在集采清单中再划一些来自采，不能随意对采购上线额度进行调整，不能随意在采购流程上增加审批环节，要坚定执行统一方案。如果确实有异常情况出现，应该先上报企业总部再进行方案迭代优化，而不是自行修改。

（3）方案推行中要充分宣传、透明沟通。这点既是方案推动中最为关键的环节，也是最容易出现问题的环节。在数字化转型中，员工及其岗位的责任有所变化，工作方式工作流程有所变化，对个人工作思维、工作习惯、工作效率都有影响，特别是对最终的工作绩效很可能有较大的影响。因此，在数字化转型变革宣传中，要加强积极的宣传引导，非常关键的是宣传口径要一致，利弊分析要清楚，价值成果要体现，要定性与定量相结合，不能出现两种声音。在宣传中要重点突出方案在业务管理上的效果对比与成效对比，强调方案解决了原来哪些棘手的问题，提出这个方案为企业带来的效益体现在什么地方。

（4）方案推行中要有试错容错机制。数字化转型是一个创新的过程，也是一个没有前车之鉴的过程。在遵循总体方案、确保底线的前提下，要鼓励局部的创新和试错，互联网时代采用敏捷开发的方式就是一种创新试错容错机制。具体推行中，可以采用"老人老办法""新人新办法"的多种方案并举，来适用不同的岗位和群族。

（5）方案推行中建议建立统一的转型管理办公室（TMO）。数字化转型是一个复杂的过程，仅仅有方案还不够，不能集团下发一个方案就任由各分、子公司操作，这样很容易变形或半途而废。各分、子公司在具体推广应用中，一定会涌现很多问题、矛盾、难题，需要针对性指导。转型过程中的遵循和执行效果也需要监督，更需要从顶层进行宣讲宣贯。因此，企业在推行数字化转型时，建议成立专职的TMO去策划、管理、推动和监督整个过程。在数字化转型中市场环境也会随时发生变化，TMO应该及时组织咨询专家团队对方案进行迭代、更新，确保转型落地成功。

本章要点总结

（1）数字化转型最难的是"最后一公里"。很多企业对数字化转型所做的规划、设计都非常漂亮，但缺乏转型最后的推动落地，导致转型成果挂在墙上，没有真正实现企业的转变。

（2）数字化转型必须要有强有力的推手来主导和推动。主导数字化转型项目可以是转型办公室、战略部门、信息部门，但一定要给予转型领导团队有清晰的定位、明确的授权、有效的考核，才能真正以价值为导向的推动数字化转型。

（3）数字化转型不能忽略变革管理，不能忽略文化的力量，否则就是"型"转"神"未转。建立长效的数字化转型机制和创新的企业文化，才是企业持续发展的基础。

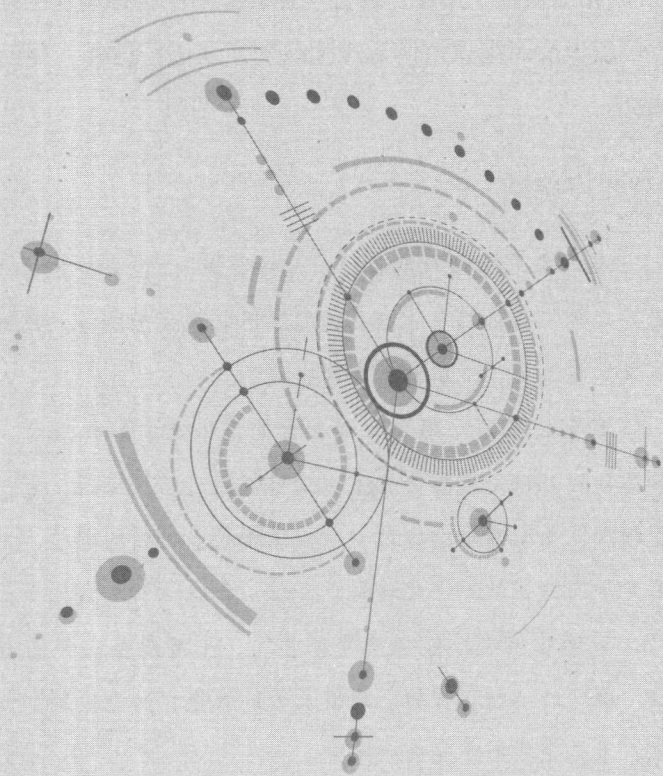

第六章

显成效
螺旋式上升

数字化转型方案确定后，就要进行规划设计落地实施。通过评价去复盘数字化转型的初心是否达成，或达成到什么程度，这是数字化转型中最后一个环节，也是不可忽略和回避的环节。数字化转型不可能一蹴而就、一步到位，在数字化转型的规划、设计、实施各阶段，由于企业内部或外部原因，包括企业各级领导、企业员工的认知差异，不得不采取不同程度的折中与妥协，才能推进数字化转型过程向前发展。

企业的发展本来就是一个螺旋式上升的过程，一个阶段的闭环转型结束后，只有对照初心目标复盘检查转型的过程和成果，才能够识别这个阶段转型的效果，才能够看清楚妥协与折中带来的局限性，而这些局限性又可以在条件成熟后孕育新的转型发展。

第一节　数字化转型的结果评价

从企业家的角度，数字化转型最希望看到的就是效益的直接提升。在数字化转型实践中，我作为咨询顾问，经常被企业高管提问"做了这个数字化转型，能否看到直接经营效益的变化？"这是很多咨询顾问很难直面的问题。从数字化转型咨询项目的成果看，项目成果本身与经营业绩很难有直接关系。不做数字化转型，企业业绩也可能会继续增长。业绩增减有很多影响因素，包括市场机遇、行业"赛道"、对手竞争、员工能力等，但提升管理背后的目的是提升企业经营效益，如何衡量转型本身的工作是否达到目标效果，成为衡量数字化转型并推动新一轮数字化转型发展的关键。

看待企业经营业绩，要看其本质。它是夯实基础管理获得的，还是市场风口获得的？它是短期的结果，还是长期的趋势，这应该是企业高层最基本的判断。难以衡量数字化转型变革给企业带来的直接经营绩效，并不等于就没有成效。企业按照咨询成果进行组织、流程的调整和信息系统固化与推广后，应该留半年到一年的经营运营期，通过经营绩效的变化，合理判断与评价数字化转型的成效。

数字化转型成效的评估，分为经营成效指标评估和经营效率指标评估两个方面。

1. 经营成效指标评估

经营成效指标侧重对经营的直接成果进行衡量。例如，合同数量、销售额、用户规模、毛利率、白点客户（潜在客户）突破数量，以及销售费用、库存周转率等。这些指标代表企业经营成效的改善提升。但企业经营成效受很多外部不可控的因素影响，导致指标结果无法评价与判断转型成效。因此，在经营成效指标上，又可以进一步细分为受外部影响强的指标和受外部影响弱的指标。对转型成效的评价，应该将两种指标结合起来看。以销售体系转型为例，不能简单地通过销售合同或利润是否增加来判断转型的成效，而应该是在消除市场行情、竞争格局等"风"的因素后，从经营的细节上去看转型对经营绩效的影响。例如，商机更多了，赢单结构更合理了，销售过程资源到位更快了，合同条款风险更小了等来判断管理体系优化后的成效。

在销售管理体系转型中，通常业务管理的优化，会涉及客户分级策略及新客户开发模式的优化。通过建立与企业战略中业务设计相匹配的客户分级模型，基于不同目标客户等级定义客户策略，再对不同等级的客户分级投入销售、研发、制造等资源，使企业有限资源最大化的应用在大客户和优质客户上，从而提升目标客户的满意度和复购率，最终降低销售成本提升销售额。基于客户分级策略及新客户开发模式的转型优化，如果直接用销售额的提升来评价效果，显然很难评价，毕竟销售额的提升与外部市场环境等有很大关联。因此，在具体转型实践中，可将这个转型衡量指标拆解为以下三个指标：

（1）客户结构优化。销售额排名前20%的客户，在总销售额中的占比扩大。这个占比能够体现转型后企业销售行为和资源向客户倾斜汇聚后产生的效果。

（2）销售费用占比。销售费用在销售额中的占比下降。因为销售客户的聚焦，新拓展客户的减少，同等的销售额下销售费用应该逐步降低。

（3）客户复购率占比。复购的销售额在总销售额中的占比扩大。因为客户的聚焦，以及对客户资源更大的投入，获得更高的客户满意度后，客户复购率稳步增加，这样将导致销售费用占比进一步降低。

上述指标可以在数字化转型前进行一次数据统计，待数字化转型完成并推广运行半年做一次数据统计，一年再做一次数据统计，以对比衡量数字化转型后客户的聚焦效果。此外，还需要对照数字化转型前期的管理诊断分析，复盘管理上是否消除了原有的问题、瓶颈、堵点，是否模式更加清晰、流程更加贯通、管理更加透明、效率更加高效。特别是数字化转型后通过信息技术固化和赋能，管理上是否能更加实时、全面、准确地掌握信息，信息的分析与展现是否能帮助管理者进行更好的判断与决策。

2. 经营效率指标评估

数字化转型对经营管理的日常工作效率的提升也是非常关键的成效。经营效率指标最典型的是业务处理时间降低，从客户角度体现在反馈与响应速度的提升，从内部角度体现在因为流程贯通和数字化的信息共享带来处理效率的提升，特别是通过移动技术带来的时间与空间突破对业务效率的提升。

经营管理效率提升体现在相应的人工成本降低情况，包含人力资源、财务、采购、销售、行政管理等方面，都可以进一步提高人效，或在同样人员数量上有可能提高业务处理量或降低加班程度和加班费用。经营管理效率提升还体现在公司核心业务过程的提效。例如，新产品的研发是否周期缩短，或虽然没有缩短，但设计变更更少、测试次数更多更充分，而不是带"病"投产等，都是转型效率提升的体现。

效率提升可以通过两个方面来评估：一方面通过信息系统进行通过某一个流程或单据流转处理端到端完成后的时间，并与没有数字化转型前做对比；一个方面通过调研来了解使用者或客户的直接感受，看看业务运营者是否更轻松或加班更少，或公司高层是否感受到获取经营数据更快捷、信息掌握更完整，以及客户的满意度是否提升，这些都是衡量数字化转型效率的手段。

此外，企业规范与风险防范也是数字化转型成效的一种形式，特别是在集团企业，将分散采购的模式转型为建立总部集中的采购中心模式，在转型初期，由于采购的整合和规模还没有形成，从下到上提采购申请、从上到下发采购合同的方式，与传统分散采购在整体上的采购效率降低，而且成本还没有明显的下降，但采购的合规性和风险防范得到极大加强。随着数字技术的应用，上下沟通效率的提升，以及集中采购的成本优势、质量稳定的优势逐步释放，这也是转型的成效。

第二节　数字化转型的过程复盘

数字化转型过程评价，是回顾从确定初心到转型规划、设计、落地实施全过程中，对数字化转型过程的策划、组织、推进、项目管理、变革管理等一系列工作和多个项目的回顾与评价。这其中可以以项目为单位，围绕项目的立项、策划、过程管理、资源配置、进度成本控制、甲方乙方配合、变更、文档、研讨、汇报、评审、宣传等各项工作的回顾，以帮助企业不断地建立自身数字化转型的经验，打造自我进化的能力。

数字化转型过程评价可以分为回顾、评价、分析、总结、行动等五个环节。可以邀请数字化转型的相关方参加，包括内部业务部门、IT部门，以及外部咨询商、软件实施商等，设立主持人和观察员，对项目工作开展的目标、内容、范围、方法等进行回顾。重新温习相关内容，然后对相关内容进行评价。识别其中的突出成效和偏差目标，筛选并聚焦最明显的前三大突出成效和偏差目标。通过头脑风暴的方式，充分分析、展开讨论，挖掘导致成功和偏差背后的原因。这个过程很可能牵涉到各方的责任，因此应该建立坦诚、平等的氛围，这样才能真正找到问题的根源，而不是相互推诿或你好我好。最后由中立的观察员总结整个过程中的经验与教训，共同探讨后续数字化转型工作应该关注和调整的内容，并将这些内容落地到后续工作的指导文件中。

一些领先的企业，聘请外部专家，以数字化转型项目为抓手，进行第三方项目评价。从数字化转型初心的识别开始，对数字化转型最终的价值呈现、方案的合理性、先进性，以及转型过程管理的有效性、企业内部外部的反馈等多个方面建立评价模型，并通过访谈和数据收集分析，最终对数字化转型的目标、方案、过程、成效等进行第三方评价与分析。帮助企业认清数字化转型过程中方法与方案的优点、亮点，以及数字化转型过程中的问题与失误，从而更好地指导后续的工作。这也是企业数字化转型进行结果评价与复盘的有效手段。

第三节　数字化转型的迭代升级

数字化转型的结果评价与过程复盘后，若成效没有达到预期，有多方面原因，主要是方向、方法、策略、方案、执行等问题。

（1）方向问题。可能是前期规划和路径选择出了问题。方向问题会导致转型价值识别不清楚，为了上系统而进行数字化转型。例如，集团在财务管控型下，共享中心过早或过于全面进行集中采购，短期降低了采购效率而影响了生产业务，但过程中又采取了过于强制的方式。再如，在财务业务一体化没有完整搭建，企业单一产品、单一项目账还算不清的情况下，就开展基于产品或基于项目的绩效转型。

（2）方法问题。数字化转型在方法上要考虑是乱世用重典，还是润物细无声。为达成目标，有时候从组织架构转型开始，大的动荡带来彻底的改变；有时候从流程改变逐步渗入。这需要根据企业所处的发展阶段和已经形成的文化氛围来考虑和策划。

（3）策略问题。例如，选择软件实施商直接启动软件实施项目，希望通过软件系统的实施来带动数字化转型，但软件实施商本身并没有业务咨询能力，导致系统上去了，管理并没有改变，甚至冲乱了原有的管理，最终导致管理更乱，系统也用不起来。

（4）方案问题。方案设计者，一方面对方案本身没有吃透，另一方面也没有对企业有真正深入的了解，直接套用企业的案例或最佳实践，导致方案缺乏针对性。例如，有些企业粗暴的采用先僵化再优化的策略，不管企业具体情况，直接套用华为公司方案。殊不知每个方案都有其前提和边界，不是每个企业都可以削足适履而获得成功的，或许这个成功要付出的代价更大。

（5）执行问题。方案重在落地执行，转型中牵涉到流程改变、工作方式改变、组织结构责任体系改变，这是转型中涉及每个个体工作方式与工作习惯的改变，也是最难的环节。例如，我的一个客户，新的供应链转型业务流程执行不到三个月，就逐步退回到原有的老流程中了。我追问是什么原因，回复说老的流程员工更熟悉、更习惯。

通过对数字化转型成效的评估和过程复盘，可清楚地掌握数字化转型中的成败得失，为后续螺旋式管理提升做准备。对于数字化转型中的方向、方法、策略、方案、执行等多个方面问题，需要进一步追溯根源，通常存在以下三方面问题：

（1）规划不清。很多数字化转型没有清晰的规划，是头疼医头、脚疼医脚，哪个业务部门问题暴露多，或哪个板块领导有想法、有激情，就从哪里开始。企业抱着别人都在做集成开发，都在做中台，别人都成功了，我也能成功的心态开始做数字化转型工作，最终导致出现方向和策略问题。

（2）策略不妥。很多企业认为数字化转型就是上系统、上软件，哪个软件好就用哪个来做，这就很容易导致方法和方案方面出问题。结果是系统上了一堆，钱也花了可管理没理顺，甚至还制约了管理。

（3）参与不够。数字化转型过于依赖外部机构和专家，而忽略了自身的参与，认为请到高人、钱也给够，就可以等待好的成果。数字化转型本质上是企业自己去"转"，企业自己才是真正了解自己的人，如果企业主要高管、核心团队都不参与、不思考、不碰撞，势必导致转型后不理解、不赞同，从而不执行。因此，数字化转型要企业高层主导、选择，企业中层参与、碰撞，企业员工了解、掌握。这些都是数字化转型获得成效的必要条件。

第四节　数字化转型的指标体系

数字化绩效指标体系往往是央企、国企数字化转型工作的方向标，也是集团数字化转型工作的标尺。企业通过建立数字化发展指标体系及完善绩效管理体系，可以实现数字化管理"考核到位、管理闭环"的要求，使数字化成果的价值得到彰显，帮助企业各相关方了解数字化转型的成果，从而更好地支持与推进数字化转型。

在数字化发展指标体系中，需要建立数字化成效评估的指标库。典型的指标库通常包括四个维度，如图6-1所示。

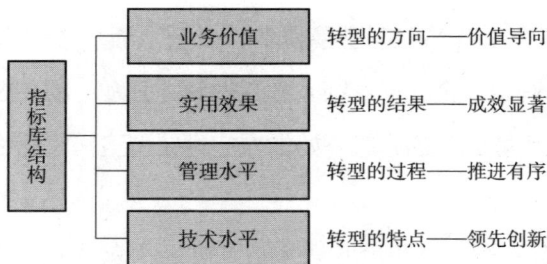

图6-1　数字化发展的指标库结构

（1）业务价值。衡量数字化转型最本质、所追求的业务与管理价值等，包括业务增长、库存降低、利润提升、效率提升、客户满意等指标。

（2）实用效果。衡量数字化转型的应用程度与效果，最终在企业组织与业务中影响与改变的程度，中高层、员工、外部供应商、股东等对转型效果的感受、接受，以及应用的情况与反馈等，包括运营效率提升、工作效率提升、满意度调查反馈等指标。

（3）管理水平。衡量数字化转型中的策划、发动、管理、协同、推进，以及过程中对企业架构的遵循、对业务价值的识别、跟踪与达成等，包括方案的达成情况、项目进度、项目投资、推广宣传覆盖度、架构遵从度等指标。

（4）技术水平。衡量数字化转型方案的创新程度、新技术的应用程度、技术架构的合理性、前瞻性和实用性，以及国企中的"自主可控"要求等，包括技术先进性、技术创新、专利获得、奖项获得等指标。

基于数字化转型的指标体系，应该建立常态化的数字化转型成效/绩效评估与管理体系，进行定期的回顾，并将数字化转型成果进行展现，以激励数字化转型的持续发展。

【案例分析】信息化项目端到端成效评价

某金融集团为客观公正地评估集团信息化项目建设情况和应用效果，发现信息化项目中的亮点与问题，总结经验教训，树立典型标杆，从而进一步优化项目管理体系，形成以价值为导向、与集团战略高度一致、各方和谐共创、共建的科技创新发展机制，启动了信息化项目评估体系设计项目。

传统的项目范畴，通常是指项目立项启动到项目结项验收的过程。这个过程主要是项目实施过程，对于项目该不该立、需求清不清楚，后续应用推动是否有效等，通常不在项目范围考虑，因此传统的项目评估，主要是从项目有没有干好的角度去评估，这往往造成项目与应用脱节，项目很成功、实用效果很差劲的后果。

信息化项目评估体系设计项目则从项目全生命周期的角度评价项目，从项目业务价值、过程管理、系统专业技术，以及产品用户体验四个方面对项目全生命周期进行评估评价。从项目全生命周期看，项目涉及的干系方不只是项目实施方，还有项目属主方、需求提出方、需求实现方、需求管理方、运维服务方等。项目最终的成果价值体现，需要项目干系各方从项目规划策划开始就要高效协作。通过项目评估，首先看项目是否获得预期的管理目标和业务价值，然后追溯到项目全过程中哪个环节有问题或有短板，对问题与短板进行分析，找到根源。特别是项目各干系方在项目全生命周期中是否能够高效协作，协作过程中的问题是否暴露出管理上的短板。基于此进行管理机制优化，最终完善和提升集团整体科技信息项目的良性发展。

评价的原则遵循自己与自己比，结果与目标比为主，行业横向比较为辅的原则。首先，立足项目目标进行项目评价。此外，也可通过与行业标杆进行比较，作为项目评价的补充。评价内容应针对项目评价的四个方面所选取的三级指标进行说明，包括指标定义、定量指标的计算方法、所需的材料或数据、数据收集方式、数据来源、数据收集时间等，如需通过调研问卷的方式获取数据，还应对发放问卷的对象、方式等做详细说明。结合具体指标数据和相关分析，评价小组编写项目评价报告，并提交评价管理方。评价管理方对评价报告进行审核后，报集团领导审阅。对于项目的亮点"树典型，立标杆"予以宣传奖励，对于项目中存在的不足，由项目相关方进行针对性改进。项目评价结果将应用于项目团队成员绩效考核。

【案例分析】信息化工程成效评价

某电网公司开展了信息化工程后，提出要对工程建设过程和成效进行整体评估，总结经验教训，明确未来信息化的发展方向。评估模型是基于IBM公司全球信息化评估模型为基础，重点参考了IBM公司智慧企业成熟度模型，并参考了国资委的评估模型，建立了一个以全球视野为主导，并结合国内管理特征的统一标尺。

评估模型从三个方面评估信息工程成果和效果，如图6-2所示。

与战略和业务发展方向的匹配程度
➢ 智能电网发展
➢ 集团化精益化发展

方向对不对

效果好不好

系统和一体化平台内在架构和品质的优劣程度
➢ 安全性
➢ 强健性
➢ 高效性
➢ 高可用性
➢ 可扩展性
➢ 集成性

对电网运营和管理活动的支持程度
➢ 对生产管理支持
➢ 对营销管理支持
➢ 对资源管理支持
➢ 对企业管理的支持
➢ 对企业风险控制的支持
➢ 对企业决策支持

系统强不强

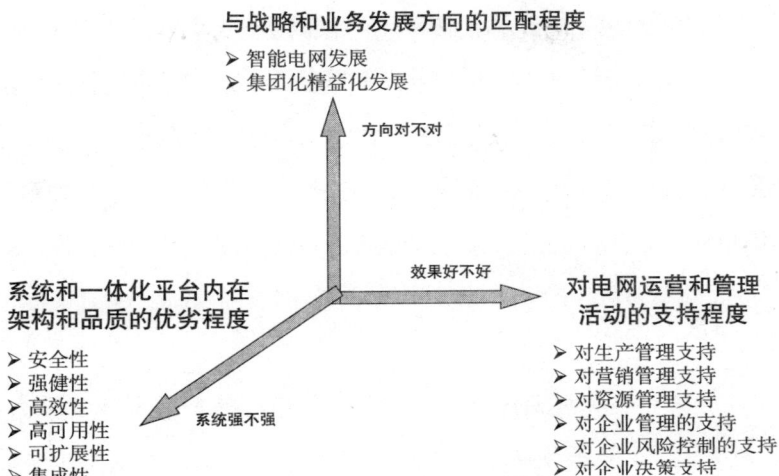

图6-2　信息化工程成果和效果评估模型

　　在评估指标体系中，项目将细化上述三个维度，形成细化指标，指标将定性与定量相结合。在评估标准体系中，项目以IBM公司信息化评估模型为基础，借鉴IBM公司智慧企业成熟度模型，将评估标准由低至高划分为五个级别。其中第三级是衡量是否合格（基本满足要求）的标尺，第五级是按照国际领先的电网企业信息系统应该达到的理想标准，如图6-3所示。

5级	**完全支持** 指业内最佳表现，或功能完全具备，并能完全支持相应的业务/管理需求
4级	**较好支持** 指功能能具备，能够较好地支持相应的业务/管理需求，但仍存在不足
3级	**基本支持** 指功能基本具备，能够支持相应的业务/管理需求，但仍存在较多问题
2级	**不支持** 指对相应的业务/管理需求难以支持或功能较弱
1级	**完全不支持** 目前不具备提供此项支持的能力

图6-3　信息化工程成果和效果评估标准

在三个月的时间内评估工作采用问卷调查、调研访谈、系统观摩、查阅验收文档等多种方法，对信息化工程试点示范工程单位和其他建设验收单位进行抽样调查，对成果进行科学、全面、合理的评估。

最后，评估报告从功能覆盖、协作支撑、信息提供三个方面对电网公司信息化现状的优势和劣势做出详细说明，并提出了未来提升方向。

本章要点总结

（1）数字化转型无评价则不闭环。数字化转型必须通过评价、复盘的方式，才能推动整个工作拿到最终的成效，而不是转型工作结束转型就结束，工作不闭环则数字化转型就无法带动企业管理水平螺旋式上升。

（2）数字化转型成败的衡量指标，在转型前就应该被识别、定义和要求，并在数字化转型的关键过程节点被提及和检查，确保数字化转型始终围绕目标价值来开展，不会走偏，更不会半途而废。

（3）数字化转型成效往往没有100分，有资源、技术、能力、文化等多方面影响最终实现成效的全面达成，重要的是总结后的持续迭代，保持螺旋式的管理提升。

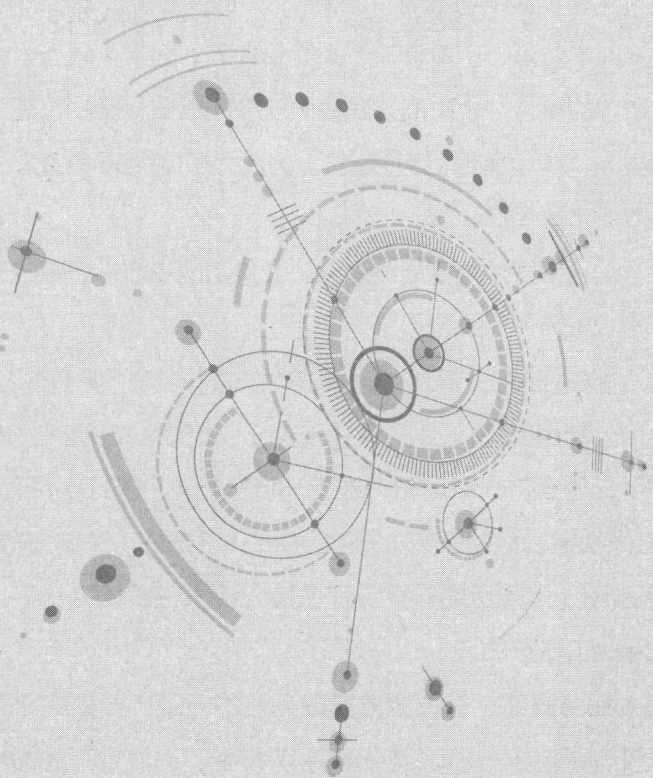

第七章

端到端

从战略到落地实施

数字化转型是一项长期、复杂、专业的工作，牵涉多学科、多专业，以及数字技术、企业管理、人文管理等。数字化转型依赖企业内外部专业资源的整合，也需要兼顾横向业务和纵向战略的拉通，避免业务管理与数字化转型落地"两张皮"。因此，数字化转型的方法就成了数字化转型成功的关键。

数字化转型方法包括战略层面、业务层面和数字化系统三大类，具体内容如下所述。

（1）战略层面。解决企业发展方向的问题，典型的战略设计方法是IBM公司的BLM（业务领先模型）、麦肯锡7S模型、波士顿矩阵等，其中又包含了战略地图、宏观环境分析（PEST）、行业环境分析（波特五力模型、战略群组）、企业内部环境分析（关键成功要素分析、VRIN框架）、业务定位分析（价值链分析）、竞争力分析（SWOT分析）等专业工具方法。

（2）业务层面。解决业务管理运营的问题，典型的业务管理体系方法与模型，包括市场营销组合的4P模型、销售管理的IBM特色销售办法（SSM）、研发管理的IBM集成产品开发模型（IPD）、供应链参考模型（SCOR）、财务分析的杜邦模型、人力资源管理六大模块的5P模型，以及企业流程框架（APQCPCF）等。

（3）数字化系统。解决数字化固化与创新的问题，典型的信息化实施相关方法，包括描述企业整体业务及信息化框架的企业架构（EA）方法、大型ERP-SAP实施ASAP方法、软件工程瀑布法、快速原型法、用户旅程图、敏捷开发（scrum）、车库方法（garage）等。

数字化转型从战略到信息系统落地的整个端到端过程，是由多个方法支撑的。例如，用BLM设计和理解战略，用企业架构描绘业务，用信息系统实施方法来固化管理。这些方法各自专注在各自的专业领域，在数字化转型过程中，各项工作是由不同专业、不同项目承担。但整体上需要将不同项目、不同专业进行拉通与串接，形成端到端自顶向下的整体，而不是各业务脱节、或战略、业务、信息化"三张皮"。

从战略到系统落地的端到端方法论，如图7-1所示。

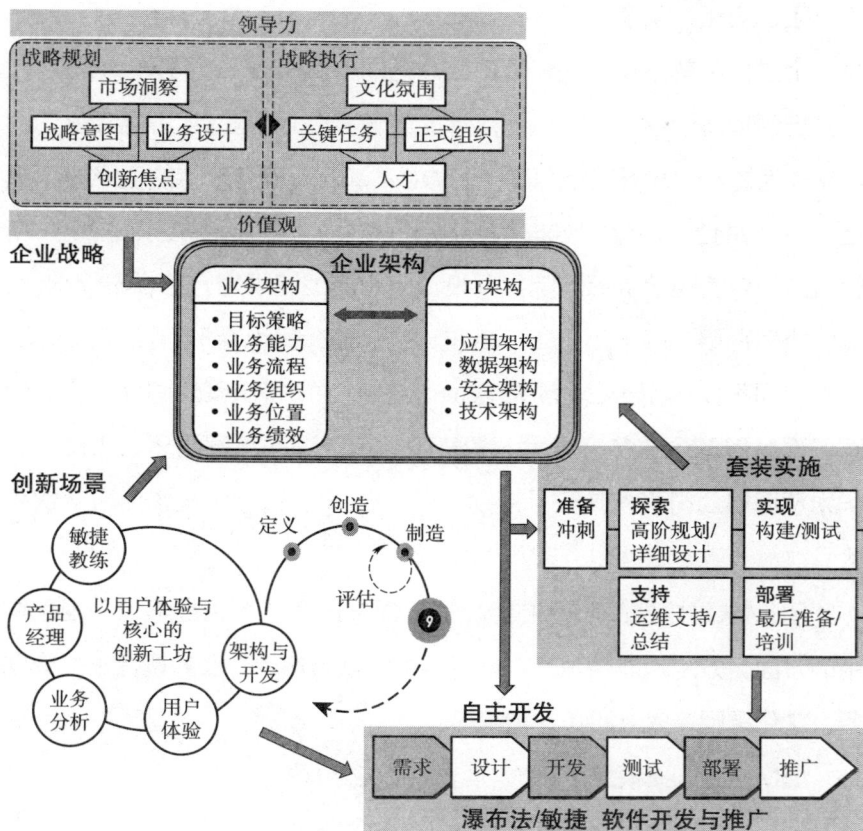

图7-1 从战略到系统落地的端到端方法论

第一节 用BLM解读企业战略

企业变革管理的目的是更好地达成战略目标的实现，所以数字化转型必然要与企业的战略高度匹配。如果说战略是方向与"赛道"的选择，那么转型就是对"赛车"的改造，确保能在既定的"赛道"上顺利到达目的地。

在数字化转型中，对企业战略的思考、理解，甚至在一定程度上的修正、细化、关联，以及在企业层面上的共识，都是非常有必要的。在这个过程中就不得不提及IBM公司的BLM。IBM公司的BLM是从差距分析到顶层设计，再到执行落地的一套战略规划工具。在咨询行业，IBM公司的可以和波士顿矩阵、SWOT，以及迈克波特的五力模型相提并论，是企业战略制定与执行连接的方法与平台。BLM是2003年IBM公司与美国哈佛商学院共同设计出来的战略规划方法，不仅IBM、华为公司在用，顺丰、TCL、用友、金蝶等公司也有不同程度的采用。华为公司不仅应用于公司战略层面，还将BLM各个模块融合到企业运营过程，形成企业各个层级的战略和组织管理的年度循环。正是因为华为从IBM公司引入并获得持续应用，BLM从而被中国企业所认识和接受。

BLM认为企业战略的制定和执行部分包括八个相互影响、相互作用的方面，分别是战略意图、市场洞察、创新焦点、业务设计、关键任务、文化氛围、人才和正式组织等。

IBM业务领先模型（BLM），如图7-2所示。

BLM强调战略的有效制定与实施是企业领导重视下企业整体协作的结果。BLM以关键业务差距为导向，有效连接战略的制定、执行与评估。BLM和传统的战略管理体系的不同在于，BLM特别关注支持战略执行和战略规划的一致性。

在数字化转型中应用BLM，首先是对企业战略的理解，而非规划与重构，通过BLM模型中的维度与要素，去诠释当下与未来企业战略发展方向和到达高度，作为后续业务管理转型的前提输入。因此，本节对BLM的诠释，更侧重理解与诠释企业战略及其对数字化转型规划设计的影响的角度，而非从规划设计企业战略的角度。

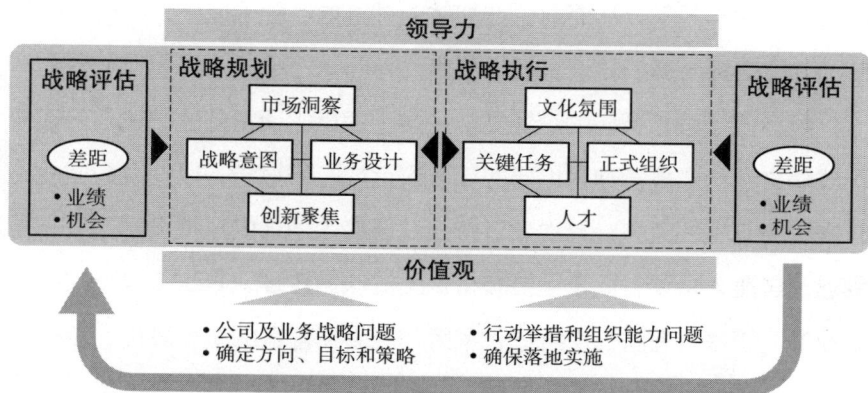

图7-2　IBM业务领先模型（BLM）

1. 领导力

领导力是战略的核心，是企业战略与执行的根本决定要素。领导力本质上是企业家精神及其影响力，这不仅仅是职位与权利，而是企业创始人或最高决策层风格，以及其对团队的影响力。领导力包括领导人的个人背景、成功业务、管理风格、思想深度、处事风格等要素，这些要素在日常工作中会不断的影响企业决策，以及企业文化。领导力是BLM要素中唯一由企业领导层带来的能动性因素。它制定和决定战略并驱动人才和组织执行战略，进而产出成果，这也隐含企业战略规划与设计背后的战略的选择。

在数字化转型中对领导力的观察，即对企业创始人或最高管理者的观察是至关重要的。最高管理者对企业当前的问题、短板的认知，以及对未来企业发展的构想，应该是超越企业战略文字上的描述，尤其是企业最高管理者对"创新"的理解与接受程度，以及对"风险"的偏好与接受程度，决定转型中"型"的程度。此外，企业最高管理者的影响力，也将直接决定"转"的程度。一家企业哪些能转，哪些不能转，哪些好转，哪些不好转，什么时候转最合适，这些都依赖于对企业最高决策人的了解、观察，从而对企业整体的领导力、领导风格、影响度的理解，才能选择合适的转型路径与策略。

我自己领导与参与的企业数字化转型项目，通常首先收集与研读公司战略文件和最高管理者近年的年度讲话或工作报告，以理解企业战略方向和决策层的风格，其次是了解企业最高管理者的过往发展历史，特别是一些重大事项，以及重要转折点上的决策过程。其次就是一定要与企业最高管理者有两三次互动，了解和感受管理者的做事风格。

2．价值观

价值观是企业对自身行为的选择判断标准，是战略和执行必须遵循的基本原则或底线，是企业及其员工的价值取向，也是企业在追求经营成功过程中所推崇的基本信念。企业管理者必须确保企业战略中体现了企业的价值观，而各级管理者都必须确保价值观成为日常工作的一部分。企业的价值观，是各级员工在对战略理解和具体战略举措执行中的行为习惯和约束条件。例如，IBM公司的价值观中有"诚信为要"，在战略举措或再分解中，如果与诚信相违背，那么这个举措就是一个不可行的行为。如果说领导力是对企业战略及其执行力的影响与推动，那么价值观就是对企业战略及其执行力的选择与约束。

在数字化转型中，对企业价值观的观察也是非常重要的。识别一个企业的价值观比较容易。例如，阿里巴巴公司的"客户第一，团队合作，拥抱变化，诚信，激情，敬业""六脉神剑"的价值观。企业价值观可以延伸到企业文化，即这个企业是什么性格，这样的性格在转型中适合什么方法与路径。对于具有拥抱变化性格的企业，数字化转型方案的设计就可以激进一些，反之则需要温和一些。

我自己领导参与的数字化转型项目，通常根据企业的文化与氛围，结合企业领导团队的风格，来取舍数字化转型的程度。在一次给一家制造企业做数字化转型中，我在访谈董事长的时候问他："聊了这么多企业需要优化的地方，那么您这家企业最不需要转型或您在规划策划转型方向中不宜动的是什么？"董事长沉吟一下说："企业的文化与价值观不要去碰。"

3. 差距

业绩差距是实际达成业绩与目标之间的差距，机会差距是现状与潜在机会之间的差距。业绩差距通过能力提升、管理优化与有效执行去填补，而机会差距则需要市场洞察和战略规划去填补。简单来说，业绩差距依靠"赛手"的能力水平和"赛车"装备，而机会差距更多依赖"赛道"与路径的选择。差距识别不仅仅是一个差距数据，而包含了差距的分析，在回答差距有哪些？差距有多大，更重要的是为什么有这样的差距，根本原因是"赛道"（战略选择）、"赛手"（执行能力），还是"赛车"（企业管理的体系机制）的问题。

无论是企业战略设计还是数字化转型，都是由差距与不满来激发的。从数字化转型的角度，更多是通过优化与改变"型"而获得对战略的支撑，这个"型"就是"赛车"。因此，在数字化转型的现状调研中，需要特别关注企业的差距，通过差距分析识别企业管理体系机制中的问题与短板。例如，企业整体业绩与预计有差距，那么是销售管理机制导致的赢单率不高，还是企业产品缺乏创新与竞争力，或是产品质量问题，或是供应链的费用太高导致的价格成本等。差距分析推导出的企业经营管理的问题与短板，是进行转型方案与路径设计的关键。

4. 战略意图

战略意图是企业希望追求什么，也就是创始人建立这家企业的目的、意图是什么。小老板可能就是赚钱养家，实现财务自由，当企业到了一定规模，就需要为全体员工和社会定义出"我是谁，我要干什么"，包括企业使命、愿景、价值观和战略目标，使命是定义企业为什么存在，即企业的业务做什么，为谁做，有什么价值。使命为企业所有决策提供前提，愿景是企业未来将发展成什么样。愿景指导战略和组织的发展，是可以在一个特定时期内实现的、让企业内部共识并向往的远景。战略目标是通过合理运营模式赢得现有市场的增长发展，同时保持快速适应市场变化，跟随市场发展而不断突破的高度。

从数字化转型的角度，企业的使命、愿景、价值观可以不作为关注重点，但企业未来三五年的战略目标和财务模型应该被关注。首先这是差距分析的源头，其次这是未来转"型"应该支撑的目标。如果不清楚要去何方，又怎么知道应该打造一辆什么样的"赛车"？

【案例分析】推进将市场延伸到海外的战略目标

我在为一家上市公司做数字化转型时，公司提出通过国际化达到新的战略目标。对于这样的战略目标，对照公司当前的管理机制，无论是国际化对应布局，还是海外组织的管控模式、海外各点的定位与组织架构，以及公司事业部与海外的业务关联关系、资源分配原则，协同工作流程机制等都处于起步与模糊阶段。因此，转型中的企业管控方式、组织架构、流程机制，甚至信息系统功能，如何延伸到海外板块，成为一个需要专题讨论的问题。

客户启动了海外转型的专题项目，从海外布局和定位入手。首先确定海外布局策略，由此确定海外各点的定位（制造中心、研发中心或销售中心等），明确不同定位下的总部对其管控模式，以及与各事业部在业务、资源上的协同机制。然后再设计各点的组织架构和人员能力要求，并将公司内的市场管理、销售管理、研发管理的机制与流程，逐步改造到海外各点中，从而形成了完整的海外布局。

5. 市场洞察

市场洞察的目的是选择正确的战场，从宏观环境出发，结合对需求端与供给端的分析，洞察市场的机会与挑战，了解客户和竞争对手，客观环境分析，需求侧与供给侧分析，识别机会与挑战，评估和选择公司未来的业务地盘。市场洞察力的深度与广度，决定了战略思考的深度与广度，也是战略可行性的前提。

市场洞察通常通过"五看"进行分析，即看客户、看行业、看趋势、看对手、看自己，最后归纳识别战略机会。

对于企业战略报告中的市场洞察，有两个方面需要关注：一是通过看市场了解企业面临的内外部环境；二是看竞争对手的管理体系，再结合看企业自己，这对数字化转型能做到什么样的"型"有参考价值。在看企业自己方面，对企业本身的资源和能力，特别是独特的、稀缺的资源与能力应该有一个清晰的定位，这其中要界定是个体带来的稀缺能力从而产生的核心竞争能力，还是企业整体的能力。通常小规模或初创公司，应该有一个特别牛的研发技术专家，或有一个特别有手段的销售"大拿"，就形成了一个有优势的竞争局面。这种情况下，从数字化转型发展的角度，应该重点考虑如何让个体的能力进行复制，在机制体系上补充，最终转换为企业的能力。从客户的角度，需要研究与思考客户对本企业的定位与要求，或企业的独特点在什么方面。例如，客户更在意企业产品的价格、质量、产品的创新，还是企业售后的服务能力。基于客户对企业的要求，结合企业的独特优势，未来在转型的蓝图与路径中，就要着力、优先打造客户需要的能力，从而形成竞争优势。例如，通过供应链体系优化降低企业成本获得成本价格优势；通过研发体系优化获得企业创新能力的优势；通过设计与生产环节的智能化获得更好的产品质量等。这些转型能力的提升方向都是可以来自对客户的洞察。如果说"五看"对于战略设计的主要目的在于发现和创造机会，那么对于企业数字化转型的目的就是构想更有效的转型蓝图和路径。

在数字化转型中，因为不是做战略机会的选择，所以不需要做太多的市场洞察。

6. 创新聚焦

企业的战略核心命题是如何从现有的增长曲线迈向新的增长曲线（新的业务组合），以实现不断增长。这个思考与设计过程，要主动和持续的创新，包括产品、技术、业务模式和运营等，才能确保差异化的竞争优势和可持续发展。创新聚焦的核心：一是企业战略的聚焦，即聚焦到企业的业务组合实现战略目标；二是通过寻求创新方法来实现新的业务组合。通过现有业务与未来业务的平衡，识别、定义业务开发的三条地平线（H1-核心业务、H2-培育业务、H3-孵化业务），以及配套的资源投入。确定的业务组合是为了保证企业的持续增长，既能看到碗里，又能看到锅里，还能看到田里，最终实现碗里有、锅里有、田里有的战略布局。

信息技术带来的商业模式创新是比较典型的。例如，滴滴重新定义了出行、苹果重新定义手机。这些都是技术带来的模式创新。模式创新可以归纳为：平台型商业模式，如GE Pridix通过软件服务＋生态系统来延伸服务；规模化定制模式，如红领集团通过网络直接面向用户，建立数据模型，将个体用户的定制与大规模生产结合起来；产品＋服务的商业模式，如徐工机械从传统提供产品到提供服务的整体方案；知识产权为核心的商业模式，如高通和华为通过专利授权许可、技术转让、专利与产品组合销售获得新的利润增长。

在数字化转型中对创新聚焦的思考，首先是基于业务组合来判断未来转型的蓝图，即有哪些新方向、新"赛道"，需要优化调整企业管理体系架构来适应与支撑；其次是基于业务组合的战略节奏来决定转型的节奏与路径，企业的成长与发展是一个攀爬S曲线的过程，起步阶段平缓，积累了一段时间后进入快速增长阶段，进入成熟期后又变得平缓。卓越绩效企业在于还没等曲线变得平缓之际就开始着手寻找并跨越下一条S曲线，通过不停地跨越S曲线实现持续增长。转型的路径与节奏，也应该与这个节奏大致同频。转型太慢，拖了发展的后腿；转型太早，又浪费资源。新的业务组合带来企业的创新变化，很多时候是跨界、颠覆的，这个时候与其叫"转"型，还不如叫"变"型。这其中数字技术会发挥非常关键的作用，这也是数字化转型中价值最大、变化最彻底的领域。对于这样的创新变化，数字化团队应该参与其中，并发挥创新思考和落地支撑的作用。

【案例分析】医药零售模式的创新

某药品零售公司专注于服务中小型连锁药店、单体药店及基层医疗卫生机构的医药流通。公司立足于基层医药市场，通过压缩医药流通中间环节，直接连接优质上游制药企业和下游中小零售药店、基层医疗卫生机构，为下游客户提供优质医药产品及综合服务，并最终为广大消费者提供优质平价的医药产品及综合健康服务。其核心是依托自主研发的B2B电子商务平台建立的直供专销模式，会员客户资质通过审核后，于B2B电子商务平台上下达采购订单，订单确认后推送至公司ERP系统生成销售订单，同时开具销售发票、形成发货通知单并推送至WMS系统进行仓储出库及第三方物流配送。

传统的医药流通业务模式从上游医药制造企业采购药品，通过交易差价及提供增值服务获取利润，然后再批发给下游的医药分销企业、医院、药店等，包括医药商业公司、省市县级代理商以及医药代表等多层环节。

公司通过自有销售团队以会员邀请制的方式与下游客户建立了深入的合作关系，压缩传统医药流通领域的层层中间环节，直接与上游优质制药企业合作，降低采购成本。通过B2B电子商务平台的线上运作，为会员客户提供优质平价的医药产品。同时，公司还可以更高效的实现对会员客户的线上培训、远程专业指导，提升客户的运营能力。公司经营顾问系统模块，可以实时对销售数据进行透视分析和监测，帮助销售人员更好掌握客户情况及其实际需求，辅助销售管理人员管理团队，也为公司其他部门支持销售工作提供了信息支撑。

7. 业务设计

无论是什么业务组合，业务本身都需要围绕客户价值创造来进行业务模式设计。业务设计将战略意图转化为业务价值，包括：客户选择、价值主张、价值获取、活动范围，战略控制、核心能力要求等。在这个过程中可以纳入创新焦点的研究，意在探索新的价值交付模式，在模式创新方向寻找机遇。差异化的价值主张和战略控制点是市场竞争中取胜的关键。

（1）客户选择（谁是你的真正客户）。企业根据市场洞察，以及企业自身情况选择核心客群，并对客群进行细分，回答产品或服务是针对哪个细分市场（哪类客户群体）的，哪类客户群体不在服务范围内，怎样协调现有市场和新兴市场群体等问题。

（2）价值主张（客户为什么要选择你）。明确业务的价值主张展开进行详细说明，给产品和服务设计提供输出，回答企业应该为客户提供什么样的价值（卖点是什么），差异化存在于哪里等问题。

（3）价值获取（你靠什么赚钱）。结合核心客群需求和竞争对手的价值主张进行竞争价值要素选取，根据企业自身价值主张和竞品策略，进行产品组合设计，回答目前企业为目标客户提供什么产品与服务，针对目标客户，企业采用怎么样的盈利模式等问题。

（4）活动范围（干什么和不干什么）。通过对核心客群的购买渠道、场景和流程的了解，进行对应客群和产品的渠道选择，回答企业重要的价值增值活动是什么，企业在价值网中的角色有没有其他的选择，哪些业务自营，哪些业务通过外部合作伙伴完成等问题。

（5）战略控制（如何持续的赢下去）。基于整体业务设计，明确本业务未来成功关键点，确立战略主题和战略目的，形成业务策略，为行动举措提供指导，回答事关业务成败的关键控制点是什么，如何保持核心竞争力，如何保证尽量全面的识别和管理业务风险等问题。

基于思考与明晰业务设计的五个关键问题，搭建起业务运营的基本框架。

在数字化转型中，活动范围是最需要关注的内容。活动范围的明确就基本界定了公司的"型"，活动范围通过公司价值链的方式呈现。日常业务需要做什么，通常包括研、产、供、销、储、运，以及人、财、物等业务，当然在业务设计中也需要有选择不干什么。例如，储与运若非核心业务也没有增值，那么可以是外包，就不在公司价值链中。数字化转型的"型"就是要干什么，怎么干，怎么干好。因此，通常采用IBM公司的业务组件模型（CBM）来描述企业干什么，通过是企业流程框架（APQC PCF）及其流程来描述企业怎么干，这就形成了企业业务的基本视图。

8. 关键任务

根据战略规划中的差距分析、创新焦点和业务设计作为输入，形成战略关键举措。它是把战略从规划到执行的重要抓手，是连接战略与执行的轴心，也是战略从制定到执行的贯穿环节，包括业务举措和能力举措。战略必须落实到具体的行动并提供资源及相关配套支持，才能确保落地。关键任务是支持新的业务组合、业务设计，尤其是价值主张实现的（必须要做、不做不行的）连贯性工作或一系列工作。通常关键任务要形成年度性的，并应当是可按季度跟踪衡量的重点工作。

关键任务通常会包含企业最重要的运营流程的重新设计、优化完善，以及固化推广。在数字化转型中，对关键任务的理解与梳理是非常重要的。关键任务中很可能就是数字化转型中通过问题与短板分析后首先应该去做的事情。因此，在进行数字化转型的思考、策划和路径安排中，一定要与企业战略中的关键任务有所对应、有所关联、有所衔接。对于年度关键任务，应该纳入数字化转型的路径中统一考虑，并放在优先的路径上，并确保资源，并与转型工作项一并纳入统一的管理、跟踪与评价中。

【案例分析】企业战略下识别关键任务落地推行

我在给一家制造公司做数字化规划中，对其战略做了研读和分析，整个企业战略也是采用了BLM的方法来做的。公司战略意图简明清晰，市场洞察充分完善，创新聚焦的三条地平线也很有说服力，可在业务设计上仅仅是成熟业务的业务设计相对清楚，而对如何进入第二条地平线缺乏深入思考。再往下延伸，就是战略解码下的年度工作计划、任务、指标。我与客户沟通时指出，战略思考得再清晰，如果日常工作仍然是按部就班，各部门该干什么干什么，原来怎么干现在还怎么干，战略规划与实际日常业务就是脱节。

我组织客户高层进行战略下的关键任务研讨，我只让每个人思考一个问题：如果我们要达成战略目标，有哪三件事情必须要做且不做不成的，或有哪三件事情只有做了，我们的战略目标才有可能实现。四个高管小组通过头脑风暴和各类筛选合并，最终形成了关于研发机制优化、关键客户突破等四项关键举措，然后大家对这四项关键举措进行了逐层分解。会后，董事长高度重视，又与高管进行再讨论，优化调整后，形成四项年度重点工作，四位副总裁每人负责一项，由总裁办督办，以推动执行。事实证明，这四项年度重点工作，极大地推动了整个公司战略目标的实现。

9. 人才

战略目标达成需要人才与能力要求，特别是对关键岗位和人才布局的要求。人才是战略落地的依靠，要使战略被有效执行，员工必须有能力（能不能干）、动力（愿不愿干）以及有机制（让不让事情干成）来实施关键任务。这其中首先是对企业人才与能力的盘点，其次对企业内部人才和能力的差距及挑战的识别，并以此设计人才的获得相关策略。通过内部获取、及时培养、外部获取等多种方式，满足战略执行的要求。

在数字化转型中，人才这个维度是相对于其他维度看上去最弱的一个维度。对企业人才及其能力的发展，我习惯将企业战略比喻为"赛道"，企业管理体系为"赛车"，而人才及其能力是在"赛道"上驾驶"赛车"的"赛手"。当然，在有能力、有动力的前提下，如何确保"赛手"能有效地发挥，将"赛车"安全快速的送达目的地，这又回到了企业管理机制上。

在数字化转型中，强调数字化对企业人才的赋能，特别是IBM公司的数字化重塑方法中，将数字化对人的赋能放在所有方案中作为核心目标和衡量指标。其本意也是转型改造好的"赛车"，最终是让"赛手"

能更好地驾驭。因此数字化手段让"赛手"更加好掌握路况、车况，并在一定程度上通过"辅助驾驶""自动驾驶"等手段来增强"赛手"的判断与决策能力，提高效率，以及提高舒适性等都是数字化转型的目标。在数字化转型的蓝图设计中，如何通过数字化手段赋能人才，是绕不开和必须思考的内容，这就要求在转型规划设计中，通过对企业战略的理解，以及对企业战略达成中人才的能力差距和数量差距的分析，去研究数字化技术如何弥补和缩小这个差距。

10. 文化氛围

企业文化是在企业日常经营活动中形成的经营理念、价值观念、社会责任、经营形象，以及企业员工的日常行为习惯、工作态度风格、待人接物方式等要素的总和。企业文化氛围是员工行为模式的外在环境，是员工在长期工作中不断被他人鼓励或否定后，对环境的感知逐步形成的习惯行为模式。企业文化氛围是员工对工作场所的主观感受，长期的感受逐步对员工的动机和行为产生影响，在很大程度上决定了绝大多数人员的做事方式。

数字化转型中，通常不会涉及企业文化氛围。文化与价值观一样，是员工行为风格的内在原因和行为底线的约束，是行业特征（如制造业的严谨习惯）、地域特征（如吃苦耐劳品行）和企业创始人个人风格的影响，是骨子里难以改变的内容。这些在数字化转型中可以感知，但需要顺势而为，不要去刻意改变。

一个有趣的现象，我们的咨询顾问来自天南地北不同城市，如果没有机会在一个项目上见面认识，往往都是知其名熟其音的网友。经常是一个项目计划约定在一起拜访客户或投标和参加项目。我们都是第一天晚上入住客户城市的酒店，第二天在酒店吃过早餐后，碰面一起去客户现场。非常有趣的是，我们在餐厅扫一眼所有的人，从年龄、衣着、气质上能很快辨认出谁是同事，甚至有的时候电梯上偶遇，也会互相打量一下后问，你是谁谁谁吧，就这样接上头了。

11. 正式组织

正式组织是支撑数字化转型关键任务落地的关键要素。它的目的就是让领导能够去指导、控制和激励个人或者集体去完成企业的重要任务。正式组织是BLM中最容易产生理解偏差的一个要素，为了执行业务设计所需的关键任务，当前的结构和正式的度量体系是否有助于完成这些任务及其所需的集成。简单理解为为了战略达成的关键任务推进，需要配套的组织架构和绩效激励方式。字面上理解正式组织很容易被带入到人力资源的当前企业正式的组织架构和绩效方式上。广义的理解正式组织就是让组织及其人员能有效运营的所有要素。因此，正式组织应该解读并理解为：为了确保关键任务和流程能够被有效执行而建立的组织能力、流程制度、信息技术等相关管理要素的总和。具体包括以下内容：

（1）组织能力。基于战略匹配的企业组织架构及其部门与岗位，细化为部门与岗位设置、权责矩阵、汇报关系、能力模型、职业通道要求，以及配套的管控机制、决策机制、协助机制，并有相应的绩效管理体系和考核标准的支撑。在上述企业组织架构外，还可能有非正式组织。例如，安全管理委员会、数字化管理委员会、公司产品创新小组、公司转型宣传小组等。

（2）流程制度。流程框架和端到端流程来约定企业具体的运营工作开展的方式，细化为基于岗位角色的流程图，以及流程配套的表证单书。企业的运营除了流程外，往往还通过制度、规范来表达和约定员工的工作方式。在行业中，还可以通过质量标准（如ISO 9001）来约束和约定员工的工作方式。而流程配套的表证单书就形成了企业的数据和知识，成为企业无形的"流"来贯通运营的过程。例如，资金流、凭证流、订单流等。

（3）信息技术。信息技术作为载体，把业务的流程、制度与企业的组织角色关联和固化下来，这就是常见的企业信息系统。例如，ERP、SCM和CRM等。信息系统解决业务流转的问题，同时流程过程中信息数据，又进一步成为判断和预测运营流程是否正确，合理优化调整运营方式和及时做出运营决策的重要支撑手段。

从组织能力、流程制度、信息数据三个要素理解BLM的正式组织，是全面、完整的理解执行战略需要的配套要素。这些配套要素就是数字化转型中的"型"。在这个"型"中，组织能力解决谁干的问题；组织架构解决一个萝卜一个坑的问题，坑要结构完整，萝卜也要够大；流程制度解决怎么干的问题。流程要基于管理逻辑贯通，制度要划清楚红线、设定好底线。组织与流程的关联，严格意义上看，通过流程决定角色，角色决定岗位，岗位组合成为部门。稳定的业务首先意味着合理有效的流程，同时也要求组织架构动态匹配。信息技术通过管理系统落地与规范企业组织与流程，形成一个高效且合理的企业能力展现。特别是在数字化时代，随着技术的进步，数据不仅仅是流程中传统的信息，而且也成为管控业务、赋能组织员工的关键手段。数据呈现业务运维的过程与结果，数据加上算法模型，就能更有效的赋能给角色上的员工，这就让员工的能力得到提高、效率得到提升，整体上使组织运营能力与效率得到放大。这就是企业数字化转型最终提升企业整体组织能力的内在逻辑。

BLM主要解决战略问题，从战略制定到执行。所以BLM是一边解决"赛道"问题，一边解决"赛手"与"赛车"问题。在战略执行上，BLM更强调整体的执行能力，通过信息技术将"赛车"与"赛手"关联起来，既包含"赛手"的能力经验，也包括"赛车"的基本情况。基于"赛手"调优"赛车"，基于"赛车"赋能"赛手"，最终形成人车合一，在战略"赛道"指引下安全快速到达战略目标。

第二节　用企业架构描述业务管理

数字化转型是数字技术推动业务管理的优化转变，这个过程中有三个问题必须解决：一是要解决业务管理统一描述问题，即完整、全面、结构化地描述业务管理，无论是管理优化转型，还是数字技术固化与赋能，这是基础；二是要解决业务与数字技术有效的关联问题，即业务管理与数字技术通过什么方法进行关联，通过逻辑化关联确保业务管理与数字技术的方案是相互关联、相互贯通，而不是"两张皮"；三是各业务整体的一致问题，即企业是一个有机关联的整体，又是一个相互独立的专业分工，企业的整体性、关联性和动态变化性要在数字技术中得到一致性的反映并有效固化。

什么是业务管理，如何能统一、清晰、完整地描述业务管理，以便信息技术人员能了解并将其转换为支撑业务管理的应用系统，这就需要一个共同的描述结构来描述业务管理。第一，这个描述结构是统一的，所有人对业务管理的描述都遵循统一维度，即管理上遵循"同种语言"；第二，这个描述结构有一定的细度和准确性，能清晰、准确地反映业务管理的本质；第三，这个描述结构能完整地反映业务管理的各方面，不重、不漏地反映企业的整体情况而不是局部。当然，这个结构要能被对应和延伸到信息系统相关的结构上，以便于信息系统能实现。这个统一、清晰、完整的描述业务管理，并延伸到信息系统结构的共同语言，就是企业架构。

百度百科中定义的企业架构，是指对企业管理信息系统中具有体系的、普遍性的问题而提供的通用解决方案。更确切地说，是基于业务导向和驱动的架构来理解、分析、设计、构建、集成、扩展、运行和管理的信息系统。复杂系统集成的关键是基于架构（或体系）的集成，而不是基于部件（或组件）的集成。

20世纪80年代中期，当时还是IBM公司员工的约翰·扎克曼（John Zachman）提出了信息系统架构框架的概念，从信息、流程、网络、人员、时间、基本原理等六个透视角度来分析企业，提供了与这些视角每个相对应的六个模型，包括语义、概念、逻辑、物理、构件和功能等模型。由于其杰出的开创性工作成果，约翰·扎克曼被公认为是企业架构领域的开拓者。但约翰·扎克曼并没有明确地使用企业架构的概念。企业架构发展了二十余年，有很多专家与组织都试图对企业架构的内涵进行定义。国际上的企业框架组织很多，影响力比较大的有约翰·扎克曼架构框架、联邦总体架构框架（FEAF/CIO协会框架）、欧共体总体框架（TOGAF）等。

就像数字化转型的概念一样，企业框架的概念与内涵外延并没有一个统一的定义，每个企业和组织在建立各自框架的过程中均会按照各自的理解去对企业架构进行定义。在解读企业架构的概念与内涵中，共同的关键词是战略目标、企业元素、信息技术、关联关系，虽然各方对企业架构的诠释不尽相同，但核心内容至少包括承接企业战略、描述企业共同的元素或要素、通过信息系统的演进达成目标等。

经过不断地创新和发展，目前企业架构领域已经形成了包括TOGAF、FEAF、DoDAF4、IBM公司EAM等，以及各大咨询公司和研究机构提出各自的理论和框架。这些企业框架尤其以TOGAF和IBM

公司EAM最为常用。TOGAF在国内通过大量的培训和认证获得普遍的认知，而IBM公司EAM更多为IBM公司咨询服务部用于大型企业咨询和研发实施项目上，尤其在金融行业的信息化咨询与实施领域，成为默认的标准方法。

【案例分析】用同一方式描述业务

在某企业开展数字化转型项目的咨询期间，该企业安排约20位各业务部门的核心骨干共同参与该项目。项目第一个阶段，在进行现状诊断与分析前，我给参与该项目的核心骨干留了一份作业，让大家结合图7-3所示内容各自写一篇对企业业务管理现状的描述与分析。

核心骨干本周作业

回顾与梳理企业工作，写一篇文章，关于企业当前（你所负责的）业务管理的现状分析与发展建议。
1. 企业当前业务管理的情况（业务怎么做的）；
2. 企业当前业务管理的问题短板及其分析；
3. 企业当前业务管理发展建议。
要求：
　　全面（在设定的业务范围内进行全面的思考）；
　　深刻（不仅仅要发现问题与短板，还要进行分析，寻找问题的根源）；
　　创新（创新性的提出问题解决方案）；
　　字数不限，Word、PPT都可以。

图7-3　用企业架构描述业务管理现状

其目的：一是让大家梳理和思考当前的业务管理；二是告诉大家应该从哪些方面去看业务管理，引入企业业务架构的概念与视角；三是帮助大家识别什么是问题，层层分解，追踪根源。

作业收上来以后，每个人对什么是业务管理的理解是完全不同的，有些人是阐述自己业务部门的组织架构及其分工协作，有些人是分析部门的规章制度及其问题，还有些人在描述分析自己部门的核心流程，以及这些流程与其他部门的衔接关系等。在作业点评时，我给大家分享了什么是企业业务架构，并让大家从业务做什么、怎么做、谁做、在哪里做、怎么做好的不同角度结合企业业务管理现状进行讨论，进而把大家拉齐到一个企业业务架构的视角进行统一的业务现状分析。

企业架构是一个体系性非常强的专业方法在数字化转型中的应用，需要根据转型不同阶段和侧重点，有选择裁剪式的使用。基于此，需要先厘清企业架构在数字化转型中的核心价值，才能有效地应用。

我将企业架构方法的特点提炼为"全"和"联"两个关键词。"全"的含义是要素完整，即企业架构覆盖到企业价值链的各业务，是对企业业务与管理的完整描述，企业架构包括的业务架构、应用架构、数据架构、技术架构等多个方面，是对从业务到系统的完整展现。"联"的含义是各要素的关联，即企业架构中各要素的表述，强调业务逻辑的关联和业务流程的贯通，整体上是从端到端看整个企业，无论是业务架构、应用架构、数据架构、技术架构，都是分层定义，逐层展开，层级间关联。同时，业务架构各层级、各要素高度关联，并推导到应用架构和数据架构。应用架构与数据架构各层级也是对应关联的，应用架构与数据架构关联，并推导到技术架构。

作为数字化转型中业务和数字化统一与关联的语言，企业架构"全"和"联"从数字化落地视角上看，更像是一个企业数字化总设计图，描绘并定义了企业数字化该有什么内容、这些内容的关系是什么，以及如何演变发展。在数字化转型方案中，体现其完整性、关联性、管控性的特征需要重点解决以下三方面问题：

（1）管理壁垒与信息孤岛问题。企业在信息化建设中，通常是根据当前业务管理对信息化的需要而推动业务应用系统建设。成熟的企业通过信息化规划来确定整体的业务管理在信息化方面的3～5年发展规划。这就确定了企业要做什么系统，但这个系统或这些系统之间是什么关系，反映和支撑什么管理逻辑，贯通什么样的端到端流程，其实是不清晰、不完整的。例如，设计人员或开发实施人员通过对业务管理人员的调研获得一些零散的关联关系，一方面，这些被调研的业务管理人员仅仅熟悉自己的业务领域，他们不熟悉也不关心其他业务，另一方面，他们只是根据个体对企业和业务的认知来提出需求，可能非常零乱。这不是一种符合数字化转型的做法，这样背景下建设的信息系统，一定是信息孤岛。

（2）技术与业务联动的问题。企业的业务管理总是在不断地优化、调整，通过变化来不断适应企业内外部发展要求。这些优化与变化往往是离散、大小不一的，可能是整个企业销售模式与流程的改变，也可能是设计环节BOM结构优化，还可能是收款后增加了一个客户的信用评价环节等。将这些优化调整对应到应用系统上到底哪些需要改变，哪些不需要改变；是推翻一个系统进行重构，还是增加调整一个功能点，或调整后台一个数据表结构，以及这些调整对于中间件、基础设施及其容量是否需要调整，对信息安全的结构有哪些需要配套的修改，等等。这些往往是开发实施人员根据对业务的不充分理解和不充分了解的情况下提出的决策建议。而只有通过企业架构的"全"和"联"架构视图，才能通过管理关系快速定位到变化业务对应的应用系统点、数据结构点、技术与基础设施点。并且，快速地将需要调整的内容进行聚焦与锁定，从而达到信息技术对业务管理变化的随需而变。

（3）业务与技术保持一致的问题。由于业务架构是对企业业务管理的完整、准确反映，业务架构又与应用架构、数据架构、技术架构（有时候这三个架构统称信息架构）保持高度而全面的关联关系。因此，才保证了信息技术与业务管理的一致性；才不会出现业务管理变化，信息化超前或滞后，或者信息化建设推动中不能有效反映业务管理或不能有效推动业务管理同步发展等问题。当然，企业架构也是一个动态发展的过程，这就引申出架构演进（企业架构随着战略、管理的发展而不断演变发展）和架构管控（企业架构管理和约束应用系统或基层设施建设对企业架构的遵循）的概念。

　　企业架构无疑是企业级数字化转型与系统建设的重要方法，究其价值毋庸置疑，但在IT界很少有企业采用完整的企业架构进行信息化平台设计。究其原因：一是认识不到位，大多企业并不熟悉和了解企业架构，在观念上认为企业顶层规划一下就足够了；二是企业架构过于严谨，操作周期长，大多企业等不了这么久，也不愿意做不容易见成效的基础工作；三是企业架构无论是对业务的认识理解，还是对数字技术的理解，对参与人员要求高，通常企业难以找到合适的团队；四是企业架构需要对数字化转型后各项目进行管控，根据业务发展不断迭代，这对数字化管理团队提出了很高的要求。此外，还有一个很主要的原因是，在互联网时代，业务管理发展创新更快，更提倡厚云薄端、敏捷开发这样的架构方法，倡导以快制胜、错了就删除重来。因此企业架构这样的传统设法方法似乎不适合这个时代了。

　　方法是为人和管理服务的，需要灵活的变通和裁剪，就像管理没有绝对的好或坏一样，数字化战略规划也同样需要在各要素、各目标上平衡好一个度。好的数字化战略规划要在数字化投资成效，以及对业务的响应、管理变革的促进、运维的稳定性等多方面，追求最佳的平衡点。因此，正确认识和理解数字化战略规划、架构设计、敏捷开发等各类方法的原理、定位和优劣，并根据企业战略和当前业务管理发展的水平和要求，进行有裁剪、有控制的综合应用。我认为数字化转型中用到的企业架构方法，在具体使用中，应该区分不同的数字化转型建设的路径和策略，采用轻做、实做和巧做的方式，如图7-4所示。

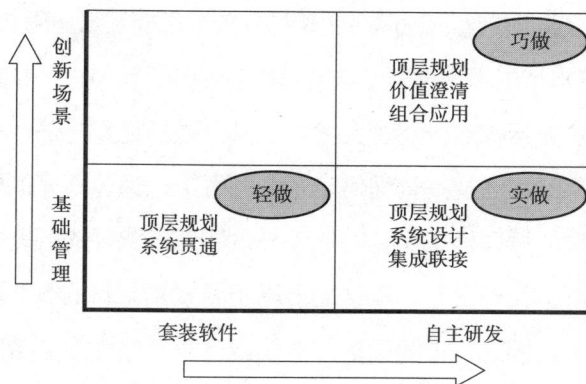

图7-4　企业架构在数字化转型中的四种应用

　　图中，横向是采用成熟套装软件，还是采用自主开发系统。纵向是对基础管理系统进行设计，还是针对转型创新场景进行设计。在这四个区域中的企业架构方法应用策略如下：

　　（1）轻做。采用成熟套装软件固化基本的业务管理，如ERP、CRM、SRM等。在这个区域里，由于有成熟套装软件固有的管理逻辑会推动业务管理的优化，系统通过配置也可以快速完成，数据结构、技术架构都不需要考虑。因此，企业架构本身不需要深入太细，采用企业架构方法，从顶层设计上，定位好各系统的边界、明确好各系统的集成关系，确保各系统在专业性上促进整体业务的端到端贯通。

　　（2）实做。完全采用自主开发的方式建立企业基础的管理系统，固化基本的业务管理。这是最需要采用完整的企业架构方法进行自顶向下建立完整、细致的企业整体架构蓝图，并通过架构管控的方式确保自主开发能最终实现蓝图。这就不仅仅包括顶层的设计，甚至通过整体数据模型来确定和约束自主系统的需求，以及一致的系统架构。

　　（3）巧做。通过自主开发建立创新应用场景，需要以企业各系统的数据作为数据源来创新。首先从顶层定义创新应用场景在企业整体业务价值链中的位置与价值，巧用企业架构中应用服务和数据服务进行重组，快速形成新的创新应用场景，并与企业整体的应用、数据保持一致。

总之，企业架构是描述企业整体业务管理的完整方法，适用于企业内部管理体系的描述及其管理信息系统的框架。通过严谨的要素及其关联解决企业整体管理信息系统的框架与发展演进路径的问题，它是企业数字化的基本盘和奠基石，在这之上基于场景和创新的数字应用以点状形式依附其上。因此，企业架构并不能或不善于作为企业数字技术创新场景识别、定义和实现。

【案例分析】建立"稳敏双态"的信息技术架构

某集团专注大型水利工程项目，面对集团不断的发展成长，需要打造一个覆盖集团基本业务的全生命周期平台项目。集团在系统架构和产品选型中一直纠结是否选用全套ERP产品，一方面认为全套ERP产品管理逻辑严密、系统成熟稳定，另一方面又感觉集团发展快，担心成熟ERP产品过于严谨僵化难以满足集团的灵活快速发展。我在做该集团数字化转型的信息系统架构方案中，提出了建立基于稳敏双态的应用架构方案。理由：一是基于对该集团当前及未来业务管理的理解；二是考虑整体的实施效果与性价比；三是选用当前业界的主流技术路线与产品。

一般来看，对于大型国企，行业与管理相对稳定，通常会选择大型成熟套装软件，如SAP、Oracle、Maximo、PeopleSoft等。这些套装软件管理逻辑严密、技术架构成熟稳定，可以将全球领先的实践引入到企业中，提高企业规范化管理和强化管理的刚性需求。以互联网为代表的创新型、快速发展型企业，由于管理的动态性和需求的不稳定性，则多采用开源的自开发软件。通过敏捷开发和快速迭代，建立小而轻的系统，满足当前一定时期的管理要求，在管理与需求变化后，再重新迭代开发或重建。

　　该集团是一个典型的传统行业，其业务基本形态相对稳定，同时又是一个快速发展，希望通过创新实现倍增式发展的企业。因此，其业务上兼具稳与敏两个特征。我理解该集团目前重中之重是进行以全生命周期的项目管理全贯通，实现对项目目标与客户满意度提升，通过信息系统更好地把管理思想体现在让人更容易感知到的应用之上，通过更友好、更智能、更先进的方法让这一转型更加容易理解，以及容易推动和操作。因此，我提出稳敏双态的应用架构，将管理与系统结合的架构分成稳态的后台骨架系统和相对灵活的中台前台业务（项目管理、销售、供应链）系统。稳敏双态应用架构中的稳是指后端的骨架系统，敏是指前台的业务系统和分析系统，如图7-5所示。

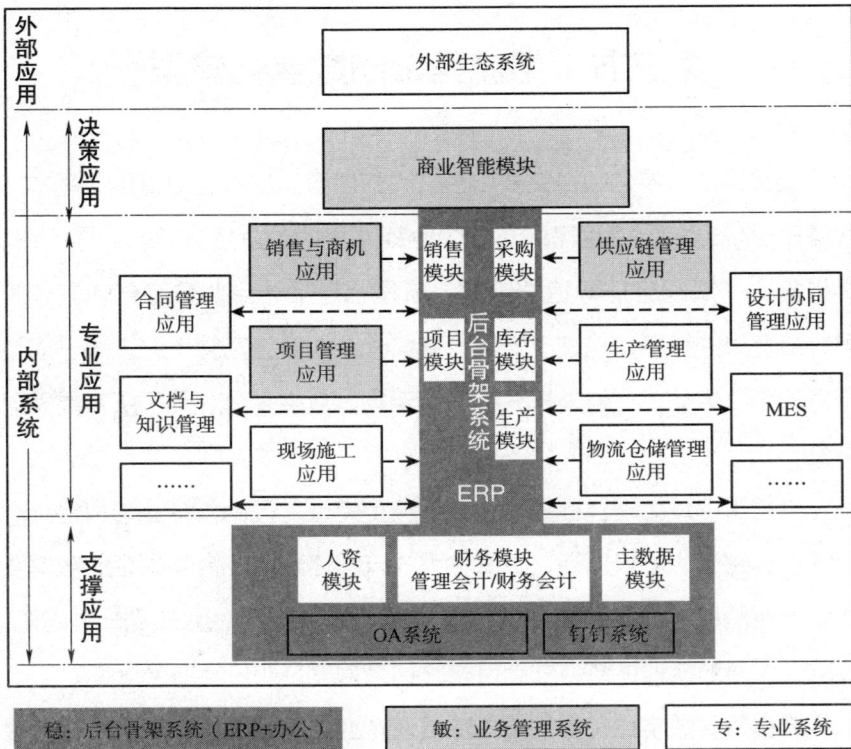

图7-5　工程项目型企业的稳敏双态应用架构案例

前台业务系统基于一个组件平台的敏捷开发，通过采用Design Thinking加快速敏捷开发的模式，在Design Thinking中将管理思路通过头脑风暴中的互动、共创、用户体验，直观地将系统结合展现在大家面前。更注重顺应和符合管理思路，通过组件化平台降低开发成本，加快开发速度。最能完美体现管理与系统无缝整合的方法。后台骨架系统采用传统SAP，覆盖稳定的基本财务、项目财务等核心基本的管理逻辑，一方面SAP内在的严谨管理逻辑及其蕴涵了管理思想对企业建立基本的管理要求非常重要，另一个方面软件架构的稳定性和成熟性，能确保稳定地支撑核心后台业务。

第三节　用流程带动数字化转型

流程是业务架构中最主要、最核心的内容，也是企业管理最基本的载体和呈现形式。流程可以实现企业战略落地、业务贯通、工作细化、责权落实、底线守护等管理价值。流程也是带动企业数字化转型最常见、最有效的抓手。抓住了流程，就抓住了企业经营管理的主线。通过流程，可以带动企业管理模式、组织架构、数字平台等几乎所有要素的转变。

流程管理成为现代标杆型企业的典型特征。因此，企业如何建立一个唯一、完整、层级清晰、关联性强的流程体系，成为领先企业管理发展到一定阶段的基本诉求。从企业业务架构角度看，也需要一个完整、分层、贯通的流程体系，准确反映并约束管理企业日常业务运作。

流程带动数字化转型需要关注贯通企业端到端流程、流程优化的极简化、流程优化中的灰度处理三个方面。

一、贯通企业端到端流程

很多年前，在某项目中客户提及贯通企业端到端流程，我当时疑惑了很久，以一个IT理工人的认知，从学计算机流程图开始，每个流程都是从"始"到"终"，哪个不是端到端？后来我才逐步意识到，管理上的流程有很多种不同的"端"，而且每个人心目中都有自己的"端"。

我不太认同"端"是"客户"这种说法。如果将端到端流程理解为从客户端来，最终回到客户端去，那么所有企业与客户关系的本质，无非就是客户有需求，企业有产品，将产品卖给客户，从客户收到回款，这个流程基本上就是企业所有流程的总逻辑。另外一种说法认为"客户"不仅仅包括外部客户，还包括内部客户，我也不太认同。如果将"客户"延伸到企业内其他部门，或将业务的上游都叫"客户"，那么这个上游是按照部门算，还是按照岗位算？因此我认为，将端到端流程中的"端"定义为"客户端"是不合乎逻辑并且没有实际价值的。

端到端流程在管理咨询、信息化蓝图设计中常被提及，但业界似乎没有一个标准的定义，很多时候强调企业流程应该是从客户端开始，回到客户端。我在网上查了一下，大致典型的"客户"定义和诠释如下：

华为公司任正非认为：端到端就是解决流程断头的问题。

迈克尔·哈默认为：端到端流程是一组有组织的相关活动，共同创造客户价值。

通用电气公司认为：商业本质上是相关联的端到端流程组成的。

西门子公司认为：端到端流程是股东价值的源泉。

IBM公司认为：商业就是信息驱动的端到端流程管理。

MBA智库认为：端到端流程是从客户需求端出发，到满足客户需求端去，提供端到端服务，端到端的输入端是市场，输出端也是市场。

我认为，这些定义和诠释都有一定的道理，是从不同的角度去诠释端到端流程，但又不是完整的诠释端到端流程概念。而且，无论是国际流程相关标准，还是IBM公司的架构定义，以及日常流程应用中提及的端到端流程的内核外延，似乎都没有明确的诠释。首先，国际上已经有APQC标准的企业流程分类框架，是以价值链为基础，按照分层、分级的方式进行流程定义，这其中并没有特别强调端到端的流程概念。其次，参考IBM企业架构，流程框架及其流程对应企业业务架构中的业务域、业务子域、业务组件、业务活动等一系列业务分类描述。因此，也没有特别强调端到端的流程概念。第三，在日常流程优化的场景下，除了典型的LTC（商机到现金）、ITR（问题发生到解决）等，似乎还有很多也是端到端。例如，从人员进入到退出、从采购到付款、从创意到产品等，似乎也没有定式。

我认为端到端流程是一个相对的概念，是为了避免管理脱节，实现企业运转高效、流程整体最优，而将一系列流程按照明确的管理目标或需求进行有机关联后形成一个（表达上）完整流程。首先，端到端流程在APQC这样的国际流程体系框架下，它是一个相对的、虚拟的，为了更好表达某种管理逻辑而将一些典型的（可能是不同级的）流程串接起来的流程。其次，最重要的是串接这样的端到端流程的目的，更多是解决流程断头、业务协作的问题，也是解决整体效率和效果最优的问题。

出现端到端的原因往往是因为企业内部协同出现断点。任正非认为：端到端就是解决流程断头的问题。企业因为专业分工会划分部门，然后基于部门去搭建部门内业务流程，导致部门间的流程有了断点。企业内部流程断点，并不能意味人员不协作、意识不到位。这是现代企业专业分工的一种必然，基于专业分工形成（专业工作或专业管理）流程，自下向上堆积而成企业流程，通常会有很多断点，整体效果必然会大打折扣。因此，企业流程需要通过自顶向下的梳理、整理，才能形成企业级的流程框架体系。首先，要解决企业内、外部由于专业壁垒或组织壁垒导致的业务不协同断点的问题；其次，要解决整体效果最优的问题。

二、流程优化的极简化

企业数字化转型中，牵涉到流程体系建设和流程优化，通常是做加法容易做减法难。无论是企业还是咨询公司，一触及流程体系、流程优化，总能通过一次次的优化，让企业流程越来越多、越来越细、越来越复杂。

其实流程的定义是：一套完整的共同贯彻始终并为客户创造价值的活动。定义中有两个关键词：一个是共同贯彻，即流程是要让所有的执行者按照统一规则去贯彻执行，如果不需要统一的规则去约束，事情可以随意做，那么就不需要流程；一个是创造价值，流程要有增值的过程，要完成一个加工，让输出比输入更有价值，才是一个值得的活动。因此，流程管理依赖企业本身管理的精细化程度。不同企业各业务板块的流程粒度应不同，同一企业不同发展阶段各业务板块流程颗粒度应不同，同一企业同一发展阶段不同业务板块流程颗粒度应不同。对于为了流程规范而制约管理柔性、降低运营效率，且没有增值的流程，应该勇敢地拒绝，果断地删除。

流程智能化的核心思想是实现计算机替人和数据助人，即将数据及其应用融入日常的流程中，参与流程流转、流转节点判断，代替人或辅助人对流程节点进行选择和推进。简单来说，在流程中实现让机器干活、用规则判断、让数据跑路。基于流程智能化进行系统流程落地设计中，需要最大化地利用业务规则和业务数据去精简流程，体现少手工（录入）、少主观（判断）、少干涉（人为）。追求业务处理过程的极简有五个方面：一是业务处理与决策的角色责权扁平化，不要随意增加流程的处理与决策环节；二是取消无清晰业务价值的流程环节；三是正常流程交给数据去判断与处理，人去处理异常的情况；四是线上处理底线业务和规范过程，将业务中的"艺术部分"放在线下；五是不要重复录入一个数据，不要多点一个无用按钮。

1. 流程中的权责清晰扁平

流程内角色的责权要明确。在落地流程设计中，不能随意增加业务判断与决策环节，哪些业务最终需要什么角色被授予什么权限，需要与整个主流程的owner（权力人）进行沟通，确定好向下授权的程度。例如，商机的立项评估，是由副总经理去批准还是由总经理去批准，或是基于总经理对副总的授权。不能随意因为管理层级上副总经理也要参与，就随意的增加一个决策审批环节。因此，每一个流程，最核心或最终的决策权，应该事先清晰、明确和共识。比较好的流程管理体系，有完整的流程框架和不同级别流程的owner，系统落地中的流程设计应该充分遵从企业已经确定的流程管控体系。在微观上，是通过上一级流程owner对下一级流程进行授权。因此，基于流程体系中的责权，结合管理的细化程度形成流程对应的角色责权矩阵表，以此为基础进行流程中关键决策点的设计。

2. 勇于舍弃没有清晰业务价值的流程节点

任何流程的任何节点，一定要有其业务价值，或要明确其背后的业务价值，否则应该优化掉这个节点。例如，项目后评估或投标后评估，通常是对这个工作做线下讨论，再把讨论结果形成一个评估文件，把这个文件提交到系统，然后领导审核。这样的流程往往流于形式，而且执行者要写一个总结报告，系统要上载。评估工作真正的目的与价值是要通过评估，然后对后续工作进行修正。例如，对供应商或客户的级别进行提升或降低，对应服务它的策略、资源进行调整，以利于后续业务的开展，这才是评估真正的价值，总结报告本身并不是业务价值。因此，流程不能简单地设计为一个总结报告的提交和审核，而应该细化为"是否调整客户级别""是否调整授信额度"这样的具体内容勾选，从而通过这样的评估，直接形成管理工作PDCA（计划、实施、检查、行动）的闭环。

3. 明确规则下的流程让数据去干，在流程中人尽量去处理异常的情况和无法量化的条件

在流程设计思路上，对于每个流程环节，特别是流程中的分支判断，应该尽量整理其背后的量化规则。流程中数据流转到哪个环节，就要基于哪个环节的规则进行判断和处理，从而实现数字判断、自动流转的效果。对于其中不能量化或缺乏数据实例需要设计异常流程的人工干预。例如，客户评级，常规的流程是收集客户满足哪些条件，然后交给领导A批，然后领导B批，最后领导C批。如果评级条件是量化的，规则是清晰共识的，而且是有数据的，基于数据和规则，应该由系统自动给出客户的级别，不需要由人来根据数据和条件进行判断后设定，更不需要审批。对于不能量化的，需要主观判断时，再设置人工评估判断。当然，另外一个情况是管理必须要有柔性，如果因为某些特殊原因需要对级别进行调整，则需要（这个事情）决策者进行手工调整。

4. 线上体现业务骨架与管理底线，业务中的琐碎和"艺术"问题留在线下处理

不要将线下所有事情都毫无保留的搬到线上。例如，审批某一个事项需要甲和乙两位共同决策（逻辑与的关系）。线下处理是判断条件，如果这两个人不能形成共识，通常会再次沟通。沟通后仍然不能达成共识，就会上报给高层去讨论决策。但在系统流程设计上，就不宜将流程增加过多的判断。首先要改变事情的决策层级，其次不让系统绑架更高一级领导的时间和责任。

5. 尽可能简化流程降低操作步骤和次数

流程中尽量降低操作次数。例如，符合条件的商机立项。线下处理是判断条件，如果条件合适就提出申请，然后是领导逐级批准。如果这

是一个常态，而且规则清晰或需要主观判断的个例数据完整，那么就由系统自动生成立项；对于其中数据不完整的，再由领导人工判断。这个环节最后是直接到这个流程的owner去决策处理，而不是在前面增加多个副总把关审核。另外，需要特别注意的是数据的自动流转，一旦是流程前序业务中有的数据，或在其他业务中有的数据，一定不能手工重复录入。

三、流程优化中的灰度处理

管理是一门科学，管理咨询的方法、方案就是尽量去量化、模型化、显性化管理的内在逻辑与规律，从而固化管理，让人依律办事。管理同时又是门艺术，很多地方说不清道不明而又恰到好处，这就是管理的灰度，也是管理的灵活度。

如果把管理体系分为管事和管人，流程体系主要是管事，显性化事情应该怎么干，数字化系统也是管事为主，而组织体系更多是管人，强调人与人之间如何划分边界又相互协作。企业对客户的选择，对供应商的选择属于管人的范畴。我理解的管理灰度主要体现在管人方面，特别对核心员工、关键客户、重要供应商都需要考虑管理的灰度，以下是几个典型的故事。

（1）一个数字化转型项目，为了明确集团与二级单位的管控关系，项目组特别梳理了一个非常细致的集团与各二级单位间管控责权矩阵关系图，这个矩阵关系图一直得不到企业决策层的反馈和确定。有一次在沟通方案时，董事长提点了我一句，集团与二级单位的关系，其实本质上是总部与诸侯的博弈，有进也有退，时进时退，说清楚了，大家都没有进退了。

（2）另一个数字化转型项目，项目组梳理了关键供应商名单，识别了某供应商供货占比高，但按照评价模型绩效并不高，按照咨询方案提出了建议，迟迟没有得到反馈。

（3）还有一个数字化转型项目，项目组帮助企业进行客户分级分类后对现有客户进行识别与策略匹配，某客户分级后级别并不高，因此资源匹配策略也很弱，但最终这个客户被手动调整到更高级并获得更优的资源。

（4）某企业完成IPD研发体系的重构后，基于新的流程，提出了某产品作为未来的投资方向，总裁没有按照流程在其环节签字同意，但让后续的流程继续推动，相应的资源配套跟上。

很多时候，不说清楚本身就是已经说清楚了。但这个清楚，需要执行者去理解，领导在文件审核也是挺有艺术的，在领导批示中，有一个"圈阅"，即领导用铅笔在文件上画一个圈，这个圈表示看过了，但同意还是不同意，并没有说。

艺术强调留白，管理需要留灰。在流程设计中，要有意识地理解管理灰度，对于管理规则，不一定要全部显性化设计，明确的显性数据与规则交给系统与数据，留一些灰度地带交给人来判断与处理，在没有审批的节点可以靠向默认的分支，这是我在流程智能化中提倡的"从人处理流程到数据与人共同处理流程"的背后逻辑。

【案例分析】流程框架体系的搭建

某制造公司是从外资企业中独立出来的，并从这个世界500强公司继承了完整而成熟的流程体系。随着公司的发展，又不断地根据国内市场的发展和国内的管理要求，增加和完善了流程体系。同时，按照行业的贯标要求，又增加了ISO等质量要求。多年的积累，导致同一个业务，有多个流程从不同维度去描述。例如，财务部、市场部、采购部都会对发票对账流程进行优化和重新定义发布，流程间重叠，甚至部分矛盾抵触。用董事长的话说，流程重叠像膏药一样，一层贴一层，现在的膏药都没法直接地贴到肉上了。这样的后果是公司空有流程但难以管理，没有人真正了解公司流程，也不知道应该遵循哪个流程。在具体工作中，就由相关部门或相关人员来诠释，而不同的人、不同的时间、不同的场景，诠释的流程是不一样的。这个企业有专门的流程质量部门，但这个部门更善于做加法，根据各业务部门的管理要求，对发现的管理漏洞不断地做加法，企业的流程管理体系需要被优化。

我与团队进入项目后，首先搭建了与企业配套的流程框架，然后流程部门就开始基于流程框架对现有流程进行"撕膏药"，对同类流程的名称进行规范，对流程内容进行合并，对冗余的流程宣布废除。

我们看一个成熟企业的流程框架应该是能够完整地反映企业的管理思路，而不是个体的管理思路。流程框架的意义，首先是约定企业业务与管理的基本范围，即企业应该做哪些事情（做正确的事），其次是约定企业业务的基本管理逻辑和要求，即各业务应该按照公司的管理要求做事情（正确地做事）。

第四节　从战略到业务再到平台

从BLM的角度，企业战略中的业务设计和正式组织，是企业业务架构的输入，决定企业业务架构的内容，如图7-6所示。

按照BLM模型，企业战略中业务设计包括企业战略下的市场定位、价值主张、商业模式和核心能力要求等内容；企业战略中的正式组织包括匹配企业战略的组织架构、管理流程、资源与责权、岗位能力要求与

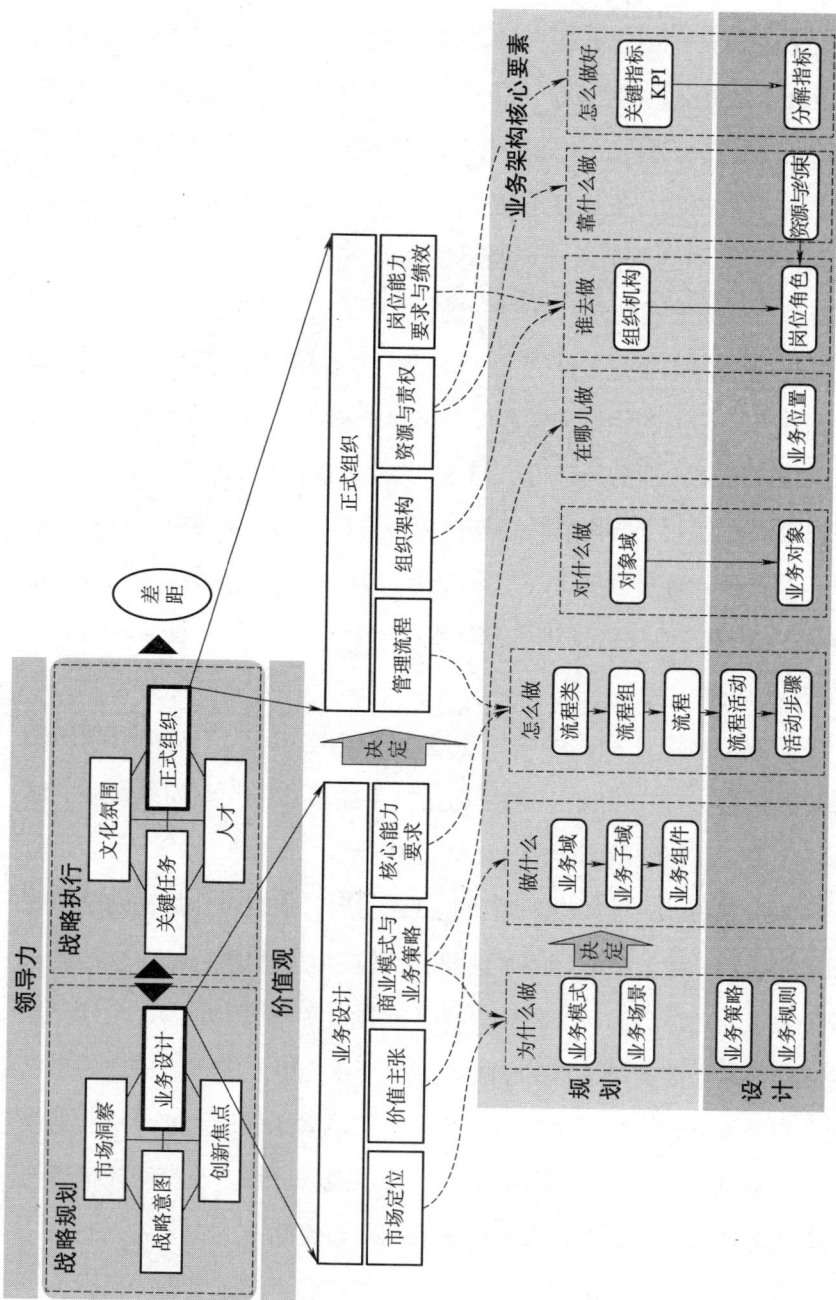

图7-6　从战略到业务架构的内容

绩效等内容。这些内容，就是平时说的业务。

按照企业架构中业务架构的要素，业务架构要描述支撑企业战略下，业务要做什么、怎么做、在哪里做、谁去做、做的过程中信息是什么、需要什么资源才能做，以及怎么才能做好等一系列问题。

BLM模型中的业务设计与企业架构中业务架构是比较对应的关系，按照BLM模型中的业务设计，能清楚地推导出业务架构中关于业务模式和典型业务场景的内容。其核心能力基本上决定了业务架构中业务域及其展开的内容（业务做什么）。企业战略中的正式组织中的组织架构对应到业务架构中的组织与角色（业务谁去做），管理流程对应到业务架构流程体系中（业务具体怎么做），资源与责权、岗位能力要求与绩效等内容对应到业务架构的资源与约束（靠什么做）和绩效KPI（怎么做好）等内容。唯一需要关注的是业务架构中的业务对象（数据），需要结合BLM中的流程管理和资源与责权一起，共同定义业务对象及其细化的数据实体。

企业架构从企业战略中来，通过业务架构推导到IT架构（应用架构、数据架构、技术架构），最终通过数字技术的各类应用来呈现，体现并固化企业战略的发展要求，如图7-7所示。

从源头来看，企业架构来源企业战略发展，是对企业战略发展要求的细化和诠释。企业战略明确了企业的价值定位和经营目标，这就要求形成企业级能力达成目标。例如，企业需要大客户销售能力、全球布局的供应链能力，要支持这样的能力，就需要从组织、流程、信息、工具等四个方面去展开，从而形成企业级能力的具体实现。因此，从业务管理上需要建立与战略能力匹配的组织体系、流程体系，及其对应信息流与数据流的贯穿，并需要有数字技术的固化与支撑。

企业架构作为企业业务的统一呈现形式和数字技术实现的桥梁，一方面要通过业务架构对企业业务管理的组织体系和流程体系，以及相关的信息进行结构化的表达呈现，并从延伸形成应用与数据架构中应用功能、数据模型，以及对应的用户与角色。因此，企业架构本身是企业战略中"正式组织"的展开，企业架构以业务架构为核心

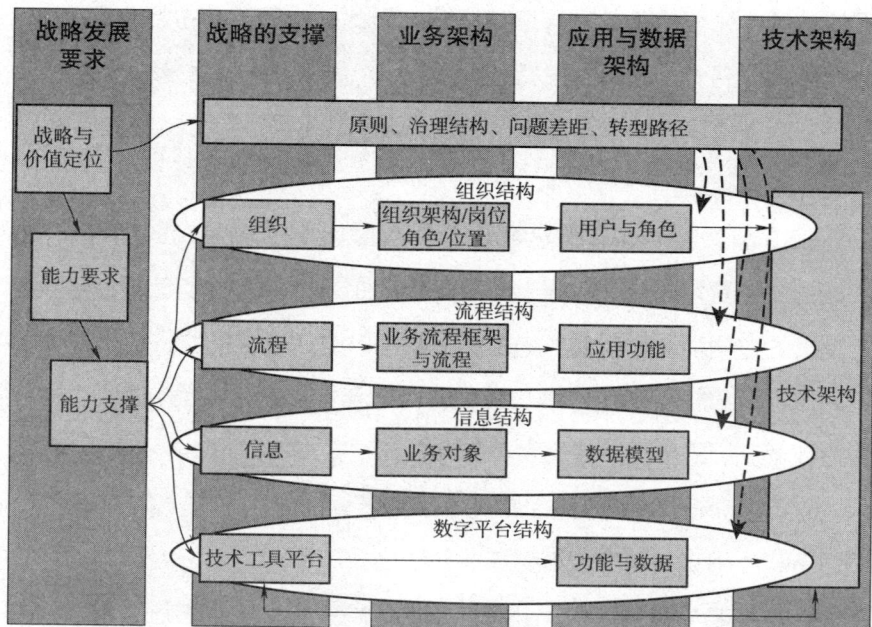

图7-7　战略与架构及其内部间核心关联关系

和基础，在业务上呈现具体的业务展开，以及业务开展中对应的系统功能实现、数据要求和技术工具要求。

从业务架构到IT架构，有OPIT（组织结构、流程结构、信息结构、技术工具平台）四条主线延伸贯通企业四大架构。

（1）组织结构。基于企业战略下的组织架构及其管控模式，确定总部与各分子公司、区域或海外公司的结构关系。在应用架构与数据架构中，进一步分解到部门、岗位、角色，以及这些岗位与角色管理到流程和数据对应的流程owner和数据owner等关系。

（2）流程结构。基于流程分层结构，推导并影响应用架构模块与功能。应用架构需要回答的是整个企业业务下，首先，应该有哪些应用功能；其次，这些功能哪些应该服务；第三，这些功能如何划分为模块、划分为系统；第四，这些服务、功能、模块，在应用架构中如何合理的分区、分层，有效的调度与连接。因此，业务架构中的业务组件，成为应用服务–功能–模块的基础。基于价值链下的流程分级框架，确定了功能模块边界划分的依据，流程的端到端贯通逻辑，成为功能模块间连接的基础。

（3）信息结构。基于业务架构中的流程所关联的表证单书，梳理形成企业经营管理的（数据）业务对象，业务对象的细化定义，形成企业基础的数据项。基于业务的内在关系可以设计数据模型，基于价值链下的流程分级框架决定数据域的划分与分布。流程的端到端贯通逻辑，成为数据流转的依据。

（4）技术工具平台。这是技术架构最终的呈现形式，对应技术是如何承载应用和数据并最终支撑业务架构。

企业战略与业务架构、业务架构与信息技术架构，通过图7-7所体现的核心要素的关联关系，形成战略、业务、技术三者的一致性。动态地看三者关系，一方的变化将引起整个结构重新平衡，这是数字化转型内在的逻辑，数字化转型通过架构转型与迁移具体实现。当企业战略有新的发展，一方面通过企业能力要求去调整能力支撑的四个内容，另一个方面通过战略确定的企业管理原则策略、公司治理结构、战略差距，去架构的演进（架构演进路径）。此外，也需要关注，新技术越来越体现出对业务管理的能动性和赋能量。新技术引入不仅仅改变技术架构，也会追溯去影响应用架构和业务架构，甚至形成企业战略中业务设计中新的业务模式、战略选择或竞争手段，如图7-8所示。

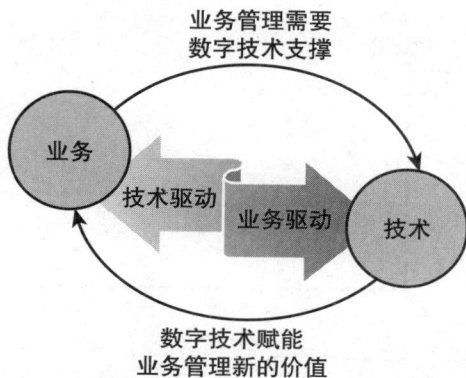

图7-8 业务管理与数字技术的关系

第五节 数字技术驱动业务创新的方法

数字化时代，已经从需求找技术转变为技术找需求，海量的业务场景被解锁。因此，如何识别场景、释放场景价值是企业需要关注的重点。而数字化的过程是企业数字化转型的一体两面。一方面是企业业务管理固化下的数字化，另一方面是业务场景增值的数字化。

业务管理固化下的数字化，是企业数字化的基本盘，是通过数字技术进行管理逻辑、管理思想的固化与呈现，包括CRM、ERP、SRM、EAM等系统，以及这些系统之上的集成贯通和数据汇集展现与分析。

企业业务场景增值下的数字化，是对业务中核心问题、复杂事务用数字技术方式来创新解决或赋能，从而达到用数字技术的新方式来改变业务的处理方式，进而获得该业务环节的增值（效率与效益），如图7-9所示。

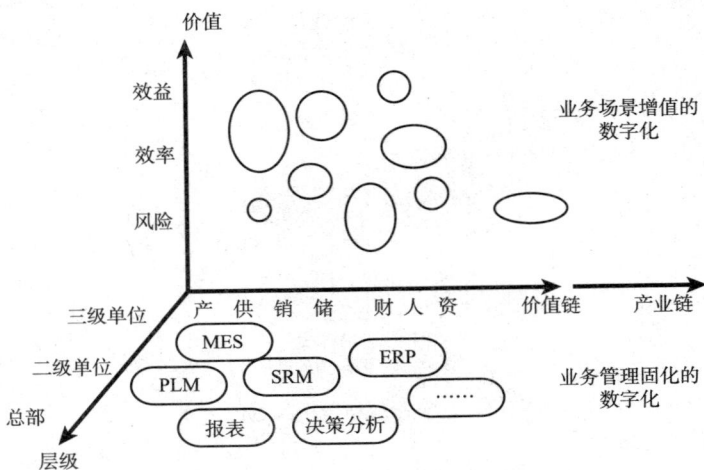

图7-9　业务管理固化的数字化与业务场景增值的数字化关联关系

通过业务场景的识别，并通过数字技术实现业务场景，是近年数字技术快速发展后，特别是移动互联技术引发的数字产品（App）的概念，更早的软件工程中没有这个概念，是通过用例（use-case）来描述软件使用者与系统间的交互。场景本来是影视行业的一个专业术语，指戏剧或电影中的场面。延伸到互联网领域，指互联网企业为了满足一类用户特定需求，而推出的一个产品或者应用。"场"和"景"可以拆开理解，"场"是时间和空间的概念，一个"场"就是时间加空间；"景"就是情景和互动，互动一定有角色及角色间的交互。业务场景可以定义为在某时间和某空间中，业务相关的角色围绕某一个特定事件进行的互动。

在具体业务中，如果从在某时间和某空间中，业务相关的角色围绕某一个特定事件进行的互动这样的角度看，一个企业的业务场景就太多了。哪些业务场景值得通过数字技术来定义和实现，就要看这个业务场景的价值，这个价值要么是客户的体验更好、要么是业务处理的效率更高，要么是业务带来了更大的增值。因此，在数字化场景中存在两个视角。一个是从用户视角，以用户体验为中心，打通端到端用户旅程及运营流程，优化跨部门协作，解决用户体验提升的问题；另一个是从技术视角，以数字化技术创新，改变或创新出更加高效或增值的业务方式。

　　企业流程固化的数字化是对企业业务与管理完整反映，体现数字技术对业务管理的遵从性和完整性，是企业信息化的基本盘，覆盖企业业务与管理的"面"或"线"。

　　业务场景增值的数字化是对企业业务与管理中的关键点进行创新性的改造，从而实现更大的业务增值，体现数字技术对业务管理的能动性和创新性，是企业数字化中的创新增值亮点，是在企业流程固化的数字化基础上，增加的创新点。这些点有大有小，并在一定程度上逐步实现对企业业务模式、业务管理、经营生态的改造。

　　IBM公司将业务场景增值的数字化定位为数字化重塑，这就有别于传统管理信息化强调的对业务管理固化。重塑的核心是通过数字技术去创新、改变、重构，如图7-10所示。

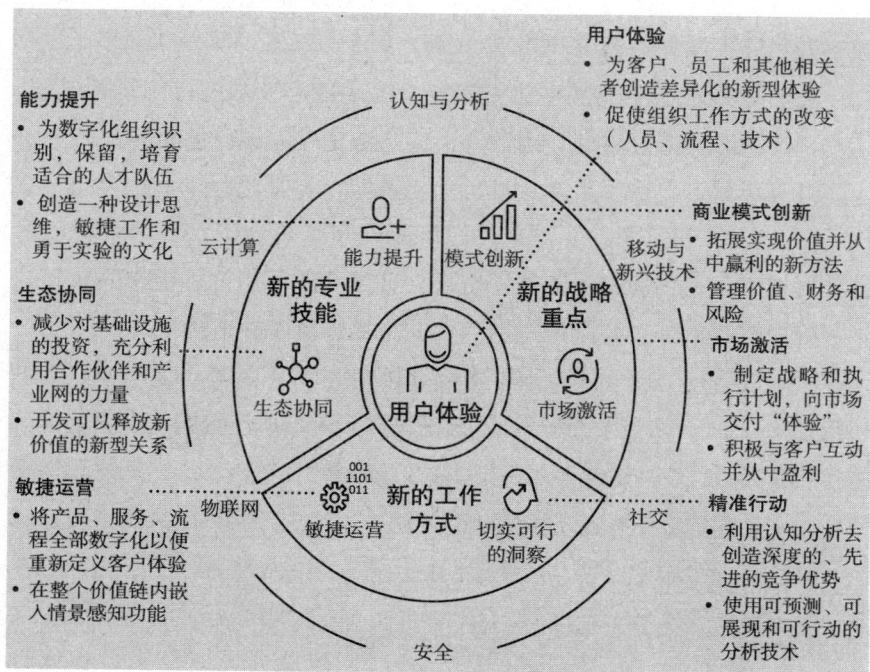

用户体验
- 为客户、员工和其他相关者创造差异化的新型体验
- 促使组织工作方式的改变（人员、流程、技术）

能力提升
- 为数字化组织识别，保留，培育适合的人才队伍
- 创造一种设计思维，敏捷工作和勇于实验的文化

生态协同
- 减少对基础设施的投资，充分利用合作伙伴和产业网的力量
- 开发可以释放新价值的新型关系

敏捷运营
- 将产品、服务、流程全部数字化以便重新定义客户体验
- 在整个价值链内嵌入情景感知功能

商业模式创新
- 拓展实现价值并从中赢利的新方法
- 管理价值、财务和风险

市场激活
- 制定战略和执行计划，向市场交付"体验"
- 积极与客户互动并从中盈利

精准行动
- 利用认知分析去创造深度的、先进的竞争优势
- 使用可预测、可展现和可行动的分析技术

认知与分析　云计算　能力提升　模式创新　移动与新兴技术
新的专业技能　新的战略重点
生态协同　用户体验　市场激活
物联网　敏捷运营　新的工作方式　切实可行的洞察　社交
安全

图7-10　IBM数字化重塑模型

IBM公司认为，从用户体验（内部与外部）出发，通过数字技术，可以实现企业在经营模式、市场聚焦、工作方式、员工能力、生态协作等多个方面，找到合适的场景进行创新和重塑，从而重新塑造企业能力。

（1）新的战略重点。开发新的价值实现和获益方式，包括培育新的业务模式，加速创新和新品开发，建立更全面有效的风险评估方式等。

（2）新的工作方式。对产品、服务和流程进行数字化改造，重新定义用户体验。运用数字技术扩充和丰富这些环节，打造全面整合、灵活而又敏捷的运营环境。建立数字化转型办公室，进行数据管理和监管机制，制定和实施企业获取、管理、分析和支配数据的战略和方法，进而支持企业的数字化重塑。

（3）新的专业技能。发现、留住和培养所需人才，为创建和维持数字型企业积蓄力量。

业务场景增值下的数字化，是一个运用数字技术进行创新的过程。因此，传统以业务为导向、自顶向下的方法是难以进行创新的。

业务场景通过数字技术实现创新与重塑，需要把握以下三方面：

（1）以价值为导向。可以通过问题聚焦和短板识别，思考新技术创新赋能后，是否有真正的价值呈现，或更高的满意度、更快的业务效果、更大的经营效益，是识别数字化业务场景基本评价标准。

（2）共创。由于业务场景增值下的数字化并不是基于战略或业务进行自顶向下的分解，也没有严谨的方法可以逻辑推导出结果，创新的火花来自对业务管理中问题与瓶颈的洞察，以及对数字新技术能力的熟悉与掌握。因此，需要业务和技术都擅长的团队，以及大开脑洞的共同思考与探索。共创是一个思考过程，需要把创新相关方集合在一起，打破组织的界限，站在消费者角度一起探讨，发现痛点，建立最小创新原型MVP。

（3）敏捷迭代。与产品设计一样，创新业务场景及其数字化方案是否真正能被应用并达到预期效果，是有风险的。因此，通过快速原型、敏捷迭代的方案，边用、边改、边完善，是最终能成功应用的关键。

　　IBM公司、微软公司等科技企业，都制定了自己的车库方法（garage）、用户流程、设计思维（design thinking）等方法，来指导数字化创新。车库创新方式包括体系、方法和实践，强调的是业务方（客户方）与技术方（咨询方）利用创新环境，简单的方法和自由的方式，进行头脑风暴下的共创，实现具有突破性质的创新。最终目标是推动以最终用户为中心的价值链重塑，帮助企业完成数字化转型。车库方法强调小步快跑，以商业价值驱动创新，创新的每一步都要产生商业价值，通过不断迭代更新和复制推广，使创新从小场景驱动，走向大规模市场化。

第六节　AI 在数字化转型中的应用

　　2023年初，OpenAI（开放式人工智能）的ChatGPT（大型语言生成模型）刷爆网络，以其高情商对话、生成文字文章、生成初步代码，将遥不可及的AI技术带到大众面前，随后国内外各大科技企业都积极发力各自推出相关的技术、平台和应用产品，引爆新一轮的AI热潮。2023年7月15日，国际权威IT研究机构Gartner（高德纳咨询公司）发布*Hype Cyclefor Data，Analytics and AI in China，2023*（2023年中国数据、分析与AI技术成熟度曲线）报告指出，中国生成式AI人工智能芯片在接近膨胀期望的峰值，尽管技术还不太成熟，但成熟后必定会走向市场化的应用，在2~5年内将被市场主流采用。2023年中国数据、分析与AI技术成熟度曲线，如图7-11所示。

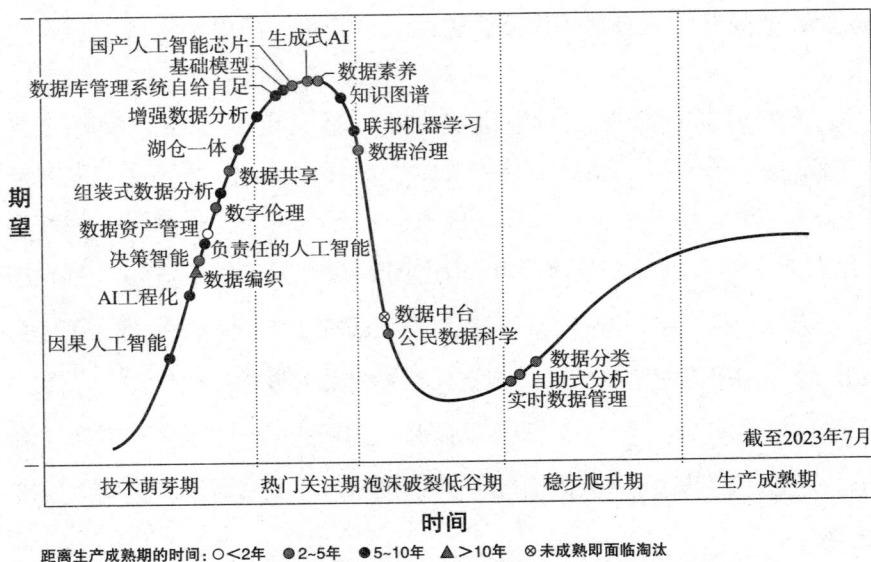

图7-11 2023年中国数据、分析与AI技术成熟度曲线

ChatGPT代表了AI通用大型语言生成模型的最新进展，它具有丰富的通用知识、快速学习与推理能力。部分行业龙头企业已经开始与国内大厂合作，进行AI的探索应用，而更多客户在试用ChatGPT中。

2023年6月，IBM公司内部也组织全球员工对推出的Watson（以IBM公司创始人Watson命名的人工智能产品）进行学习和试用。全球"组队"对Watson一系列模型进行测试与挑战，不断加强员工对AI技术的了解以促进市场推广与应用。

一、企业 AI 应用的三个阶段（三类场景）

我认为AI技术应该比区块链、元宇宙与数字孪生等技术更快跨过泡沫低谷期进入到稳步提升期。企业应用AI有以下三个阶段：

（1）AI作为助理。AI更多是应用在企业员工的日常工作中，以AI作为助手帮助员工提高效率，主要体现在文档报告撰写、信息搜寻推送、初拟公文合同等，包括文本、音频、图像、视频等基本内容的初稿生成，企业内账单、合同信息的提取，复杂不规则格式报告的信息提取，以及来自多个不同数据源且具有不确定结构的信息提取与推送。这将极大地提高企业办公效率，如企业领导讲话稿和年度工作报告等需要秘书熬夜反复修改的稿件可能会得到极大效率提升；集团基层单位向上级单位进行报表与数据编制的"表哥表妹们"的工作也将得到极大的提效。利用AI安排个人工作与旅行行程，AI将作为企业管理层员工标配的贴身小助理。

（2）AI作为代工。利用AI的专业能力去替代企业内相对简单而标准的工作，特别是在企业的共享中心方面，如客户服务中心、账务处理中心、物资采购中心等机构上。建立共享中心就是将专业的工作标准化交给专业人员去做，从而提高工作的专业性和效率，降低出错率等，而这正是专用模型的优势。目前在银行业、保险业务都开始探索用聊天机器人来提供自动化客户支持，回答常见问题、处理交易请求和提供个性化建议。财务规划和咨询也是AI应用的场景，根据客户的财务情况和目标，提供个性化的财务规划，帮助客户制定预算、储蓄计划和投资策略等。企业内部还有大量的合同录入、文件处理和合规性检查等，也可以使用AI来自动化处理以提高效率和降低成本。

（3）AI作为参谋。用企业经营管理各领域的实时数据训练AI后，AI能在专业领域帮助企业管理者洞察企业经营状态和风险。例如，客户信用风险评估，AI在线监控和分析客户数据，结合客户信用历史、财务状况和行为数据，更准确地评估客户信用风险。在供应链管理方面，AI作为参谋可在线监控企业供应链库存和上下游供应商信息，再结合市场行情的预测形成企业生产计划调优和库存管理。对于保险行业，在客户信息合规性管理下形成客户交叉销售的建议等。

二、企业 AI 应用的三大误区

面对当前铺天盖地的AI产品与介绍，在AI应用上，企业容易出现以下三个误区：

（1）AI无所不能。媒体宣传有时过度神化AI，甚至认为未来要超越人类建立"硅文明时代"。我认为无限夸大AI的能力是一种误导，就目前AI采用的神经网络算法是一种模仿人类神经系统构造的计算模型，抛开复杂的算法公式，本质上还是基于概率选择结果输出的一种语言转换，可以理解为鹦鹉学舌。鹦鹉是反复听到这句话，就学舌这句话，但它并不知道这句话是什么意思，更不知道这句话背后的含义。通过训练可以让AI无限逼近人脑思维，但其本身并没有人脑一样的思维、逻辑、情感等。所以，企业AI应用，应该选择合适的场景训练AI去解决孤立的、专业的问题。

（2）AI应用模型越大越好。大模型更多可以定位为通用模型，通常包含数十亿到数千亿个参数。这些参数使得大模型具有很强的表示能力，可以捕捉丰富的数据模式和特征。在自然语言处理、计算机视觉和语音识别等领域更加出色。小模型更多可以定位为专用模型。小模型具有更快的训练速度和推理速度，通常更适合资源受限的环境，并且可以在某些情况下提供足够的性能解决企业局部、专业的问题与应用。企业AI的应用是要以最小的代价解决最大的问题。因此，需要根据具体的应用需求和可用资源来选择使用大模型还是小模型。未来企业AI应用可以包括一个大模型和多个小模型来形成企业AI应用群，或使用模型压缩和优化技术，将大模型压缩为适合于小模型部署的版本，使其在性能和资源之间取得平衡。

（3）AI应用可以找到开箱即用的产品。除了是市场上开放通用的ChatGPT，在企业数据和场景下没有开箱即用的AI模型或产品，针对每个专业领域和业务问题，企业都需要采用与之前不同的AI模型，放在本企业场景和数据中进行训练，才能逐步变成"企业的员工"。因此，未来企业信息部门招聘数据专业人员训练各种模型也许是一种常态，企业训练一个专业模型短期内并不比培养一名专业人员更便宜。当然，这也不排除未来逐步有受过训练的行业专用模型作为产品销售，AI领域的行业预训练模型就相当于软件领域中的现成方案。这些模型可以为启动新的AI项目提供更加行之有效的切入点，以降低企业再训练的周期与成本。

三、企业AI应用关注的四个方面

企业AI应用是企业数字化转型中的一个重要手段和趋势，企业应该积极了解和拥抱AI技术在企业数字化转型中的应用，从助手到代工，再到参谋，逐步打造企业新的竞争优势。在采用模型和生成式AI时，需要着重注意以下四方面：

（1）以价值为导向。企业AI应用要以价值为导向（而不是以技术或模型为导向），优先聚集到企业核心业务上，以确保AI技术不仅仅是一项技术投资，还能够为企业带来实际的业务价值。首先，要选择与识别核心业务及AI能解决问题的典型场景开展示范，确定企业内部的关键问题和痛点能通过AI技术得以解决，并且能长期持续产生成效。其次，针对具体场景选择合适的模型，根据业务需求选择合适的AI技术和算法，这包括机器学习、深度学习、自然语言处理、计算机视觉等。选择的AI技术与模型能解决业务问题，并且在资源限制可控下开展，而不是一味追求大模型。此外，建立跨组织的训练团队也是至关重要的，这包括数据科学家、工程师、业务分析师和领域专家的跨部门团队，以确保真正解决业务问题。

（2）融入现有信息技术架构中。企业AI必须融入企业信息技术架构中才能训练成为自己的模型，解决自身的问题。首先，要明确数据是

AI的关键驱动因素，确保企业拥有高质量、完整的数据，并建立数据管理和清洗流程。企业如果已经建立了数据治理体系，并对数据质量一直有关注和改进，这无疑为AI应用奠定了良好的基础。其次，AI应用不是孤立的，应该与现有的系统进行结合。企业原有信息技术平台中的数据分析、指标监控等也应该是广义的AI应用的一个部分。第三，AI作为企业代工，其工作过程应该与现有业务工作流程结合，成为输入输出的节点，而不是一个新的信息孤岛。

（3）高度关注数据安全与合规企业。企业AI应用，特别是企业面向客户的应用，数据安全与合规是需要高度重视的。AI本质上是鹦鹉学舌，如果泄露企业和客户的信息，或不讲伦理道德的胡说八道，将给企业带来致命的风险。我国是AI应用领域法律监管最严的国家之一，中国监管机构从2021年起加强了对人工智能的监管，发布了《互联网信息服务算法推荐管理规定》《互联网信息服务深度合成管理规定》《生成式人工智能服务管理暂行办法》三部重要的规章。这三部规章适用于向中国境内公众提供的生成式人工智能服务。而在未来，我国将采取包容审慎的分类分级监管原则。因此，企业在集成AI时必须采取有效措施来保护敏感数据，确保数据隐私、模型偏见和法规遵守。

（4）平衡好成本、规划好算力。企业AI应用是一个烧钱的过程，AI训练需要大量投资，AI应用也需要足够的算力来支撑。企业AI应用前，一方面要规划清楚业务场景和长期价值，另一方面要合理选择模型，大模型会导致训练成本几何倍上升。日常应用中的算力开销也是巨大的，从企业的角度AI投资与回报是不得不算的一笔账。因此，想清楚场景与价值，选择好模型，确定好算力，这都是企业AI应用前需要做好的功课。

总之，企业在上AI前，需要从基础大模型选择、数据规范与安全、应用场景识别、大模型调优、大模型与小模型协同、向量知识库构建、算力评估与策划、业务集成方案、企业级AI开发与运行平台、AI治理与合规等方面进行规划，以引领AI在企业中的应用发展和持续价值兑现。

本章要点总结

（1）数字化转型是一项长期、复杂、专业的工作，不是一个方法、一个方案、一个团队就能搞好的。从方法与方案的角度，应该是从企业战略到系统落地的全过程。

（2）企业战略可以通过BLM来解读。一方面要解读到企业整体的发展方向，另一方面要解读到企业未来的关键举措，还要解读到企业各子战略、职能战略的思路。这样才能全面理解企业，并为数字化转型找到价值点、切入点、重点，以及路径与节奏。

（3）企业架构是描述企业业务和构建企业数字化框架的重要工具。企业架构本身不是管理优化的工具，它太复杂、太"重"。数字化转型中一定要善用、轻用、巧用企业架构方法，不能被方法拖累而忽略转型的初心目标。

（4）数字化转型在优化与提升管理上，做加法容易做减法难。特别是国企和央企，本身有很完善的管理体系。简化与贯通往往是最迫切、最有效的方法。

（5）业务管理固化下的数字化与业务场景增值的数字化，是数字化转型不同阶段呈现的形式。业务管理固化下的数字化是基础，固化管理基本盘以减少人治和抵御风险。业务场景增值的数字化是通过技术与数据爆发业务管理价值，提升效率和效益都很重要。

（6）数字化转型，AI是未来赋能员工、提升效率的重要工具，企业应该积极探索起来。

参 考 文 献

[1] IBM商业价值研究院. 平台经济[M]. 北京：东方出版社，2020.

[2] IBM商业价值研究院. 认知型企业[M]. 北京：东方出版社，2020.

[3] IBM商业价值研究院. 认知计算与人工智能[M]. 北京：东方出版社，2016.

[4] IBM中国开发中心BPR团队. IBMBPM实战指南[M]. 北京：北京希望电子出版社，2014.

[5] 基希勒三世. 战略简史[M]. 慎思行，译. 北京：社会科学文献出版社，2018.

[6] 水越丰. 战略思想竞争优势原理[M]. 崔永成，译. 北京：电子工业出版社，2009.

[7] 拉姆勒，布拉齐. 流程圣经：让流程自动管理绩效[M]. 王翔，杜颖，译. 北京：东方出版社，2014.

[8] 纳德拉. 刷新：重新发现商业与未来[M]. 陈召强，杨洋，译. 北京：中信出版社，2020.

[9] 华为公司数据管理部. 华为数据之道[M]. 北京：机械工业出版社，2020.

[10] 忻榕，陈威如，侯正宇. 平台化管理：数字时代企业转型升维之道[M]. 北京：机械工业出版社，2020.

[11] 田涛，吴春波. 下一个倒下的会不会是华为[M]. 北京：中信出版社，2017.

[12] 吴军. 智能时代：5G、IoT构建超级智能新机遇[M]. 北京：中信出版社，2016.

[13] 冯国华，尹靖，伍斌. 数字化：引领人工智能时代的商业革命[M]. 北京：清华大学出版社，2019.

[14] 杨峻. 营销和服务数字化转型CRM3.0时代的来临[M]. 北京：中国科学技术出版社，2020.

[15] 蔡春华. 战略参谋：写出管用的战略报告[M]. 北京：北京燕山出版社，2020.

[16] 方二，齐卿，左莉. 智情企业[M]. 北京：机械工业出版社，2021.

[17] 刘劲松，胡必刚. 华为能，你也能：IPO重构产品研发[M]. 北京：北京大学出版社，2015.

[18] 于海澜，唐凌遥. 企业架构的数字化转型[M]. 北京：清华大学出版社，2019.

[19] 钟华. 企业IT架构转型之道：阿里巴巴中台战略思想与架构实践[M]. 北京：机械工业出版社，2017.